KLARTEXT

Maren Schürmann | Georg Howahl

SCHLÖSSER, BURGEN UND RUINEN

Historische Gemäuer und ihre Geschichte im und um das Ruhrgebiet

Bibliografische Information der Deutschen Nationalbibliothek
Die Deutsche Nationalbibliothek verzeichnet diese Publikation in der Deutschen Nationalbibliografie; detaillierte bibliografische Daten sind im Internet über www.dnb.de abrufbar.

Texte/Kapitel:
Georg Howahl: Seite 16, 24, 27, 40, 48, 62, 66, 76, 79, 82, 86, 100, 108, 116, 126, 129, 132, 136, 139, 146, 150, 154, 158
Maren Schürmann: Seite 12, 20, 30, 34, 44, 51, 54, 58, 70, 73, 89, 92, 96, 104, 112, 120, 123, 142

IMPRESSUM

1. Auflage Mai 2018
Fotos: FUNKE Foto Services, Essen
Satz und Layout: Achim Nöllenheidt
Umschlaggestaltung: Ina Zimmermann
Umschlagbild vorne: Kai Kitschenberg
Umschlagbilder hinten: Ralf Rottmann
Druck und Bindung: Multiprint GmbH, Kostinbrod 2230, Slavianska Str. 10 A, Bulgarien
© Klartext Verlag, Essen 2018
ISBN 978-3-8375-1931-0

Alle Rechte der Verbreitung, einschließlich der Bearbeitung für Film, Funk, Fernsehen, CD-ROM, der Übersetzung, Fotokopie und des auszugsweisen Nachdrucks und Gebrauchs im In- und Ausland vorbehalten.

KLARTEXT Jakob Funke Medien Beteiligungs GmbH & Co. KG
Friedrichstr. 34–38, 45128 Essen
info@klartext-verlag.de, www.klartext-verlag.de

INHALT

7 Vorwort
8 Burgen, Schlösser und Ruinen im und um das Ruhrgebiet im Überblick
10 Trauungen in historischen Gemäuern

Altena
12 Burg Altena

Bedburg-Hau
16 Schloss Moyland

Bochum
20 Haus Weitmar
Burg Blankenstein und Haus Kemnade finden Sie unter Hattingen

Bottrop
24 Schloss Beck

Castrop-Rauxel
27 Schloss Bladenhorst

Dorsten
30 Schloss Lembeck

Dortmund
34 Haus Bodelschwingh
40 Haus Dellwig

44 Hohensyburg
48 Hörder Burg

Düsseldorf
51 Pfalz Kaiserswerth
54 Schloss Benrath

Essen
58 Burg Altendorf
62 Schloss Borbeck
66 Schloss Hugenpoet
70 Schloss Schellenberg

Gelsenkirchen
73 Burg Lüttinghof
76 Schloss Berge
79 Schloss Horst

Gladbeck
82 Schloss Wittringen

Hagen
86 Schloss Hohenlimburg
89 Schloss Werdringen

Hattingen
92 Burg Blankenstein
96 Haus Kemnade
100 Isenburg

Herne
104 Schloss Strünkede

Herten
108 Schloss Herten

Holzwickede
112 Haus Opherdicke

Isselburg-Anholt
116 Wasserburg Anholt

Krefeld
120 Burg Linn

Lünen
123 Schloss Schwansbell

Moers
126 Schloss Moers

Mülheim an der Ruhr
129 Schloss Broich
132 Schloss Styrum

Oberhausen
136 Burg Vondern
139 Schloss Oberhausen

Schwelm
142 Haus Martfeld

Voerde
146 Haus Voerde

Weeze
150 Schloss Wissen

Witten
154 Burg Hardenstein
158 Haus Herbede

VORWORT

Ritter und Burgfräulein – wenn man an das Ruhrgebiet und sein Umland denkt, kommen sie einem nicht als Erstes in den Sinn. Macht und Stärke schon eher. Die Region ist jedoch von weit mehr geprägt als von Kohle und Stahl. Schaut man genau hin, dann sehen wir eine der dichtesten Burgenlandschaften Europas: alte Gemäuer, die Geschichten erzählen vom Leben und Lieben im Mittelalter, von Fürsten und Fürstäbtissinnen, von Grafen und Baronen.

Ein Jahr lang haben wir den Menschen gelauscht, die heute Schlösser, Burgen und Ruinen in ihrer Obhut haben. Einige von ihnen tragen noch den Adelstitel im Namen und ihre Familien wohnen seit vielen Generationen auf den Anwesen – die Häuser sind teilweise älter als Neuschwanstein. Kriege und Fehden, Brände und Hungersnöte, Liebesdramen und Erbschaftsstreitigkeiten – das war nicht immer ein fürstliches Leben.

Oft hängen Erhalt und Nutzung der Burgen und Schlösser vom Enthusiasmus einiger weniger ab, die bereit waren, für „ihre" Burg zu kämpfen – und das häufig durch unermüdliches Arbeiten über Jahrzehnte hinweg. Ohne ihr Engagement wäre ein großer Teil unserer Geschichte nicht mehr sichtbar.

Die Burgenlandschaft an Rhein, Ruhr und Lenne ist so groß, dass wir eine Auswahl treffen mussten. Einige Häuser zeigen das Leben von damals, andere sind topmodern gestaltet. Die einstigen Adelssitze haben sich in Museen verwandelt, in Restaurants, Standesämter oder Säle für Konzerte und prachtvolle Feste. Das Leben in den alten Gemäuern ist spannend bis heute – und zum Glück nicht mehr so gefährlich. Lassen Sie sich für den nächsten Ausflug inspirieren.

Georg Howahl und Maren Schürmann

HISTORISCHE GEMÄUER IM ÜBERBLICK

1. Burg Altena
2. Schloss Moyland
3. Haus Weitmar
4. Schloss Beck
5. Wasserschloss Bladenhorst
6. Schloss Lembeck
7. Haus Bodelschwingh
8. Haus Dellwig
9. Hohensyburg
10. Hörder Burg
11. Pfalz Kaiserswerth Ruine
12. Schloss Benrath
13. Burg Altendorf
14. Schloss Borbeck
15. Schloss Hugenpoet
16. Schloss Schellenberg
17. Burg Lüttinghof
18. Schloss Berge
19. Schloss Horst
20. Schloss Wittringen
21. Schloss Hohenlimburg
22. Schloss Werdringen
23. Burg Blankenstein
24. Haus Kemnade
25. Isenburg
26. Schloss Strünkede
27. Schloss Herten
28. Haus Orpherdicke
29. Wasserburg Anholt
30. Burg Linn
31. Schloss Schwansbell
32. Schloss Moers
33. Schloss Broich
34. Schloss Styrum
35. Burg Vondern
36. Schloss Oberhausen
37. Haus Martfeld
38. Haus Voerde
39. Schloss Wissen
40. Burg Hardenstein
41. Haus Herbede

Grafik: Miriam Fischer

© Stepmap, 123map
Daten: OpenStreetMap,
Lizenz ODbL 1.0

Die Kapelle von Schloss Strünkede in Herne

TRAUUNGEN IN HISTORISCHEN GEMÄUERN

SCHLOSS / BURG	ORT	STANDESAMTLICH	KIRCHLICH IN EINER KAPELLE
Burg Altena	Altena	ja	evangelisch
Schloss Moyland	Bedburg-Hau	ja	ja
Haus Weitmar	Bochum	nein	nein
Schloss Beck	Bottrop	ja	ja (im Schloss selbst)
Schloss Bladenhorst	Castrop-Rauxel	ja	nein
Schloss Lembeck	Dorsten	ja	katholisch
Haus Bodelschwingh	Dortmund	nein	nein
Haus Dellwig	Dortmund	nein	nein
Hohensyburg	Dortmund	nein	nein
Hörder Burg	Dortmund	nein	nein
Pfalz Kaiserswerth	Düsseldorf	nein	nein
Schloss Benrath	Düsseldorf	ja	freikirchlich
Burg Altendorf	Essen	nein	nein
Schloss Borbeck	Essen	ja	ja
Schloss Hugenpoet	Essen	nein, evtl. bald möglich	nein
Schloss Schellenberg	Essen	nein	nein
Burg Lüttinghof	Gelsenkirchen	ja	nein
Schloss Berge	Gelsenkirchen	ja	nein, freie Trauungen im Park
Schloss Horst	Gelsenkirchen	ja, zentrales Standesamt	nein
Schloss Wittringen	Gladbeck	ja	nein
Schloss Hohenlimburg	Hagen	ja	nein
Schloss Werdringen	Hagen	nach Renovierung wieder	nein
Burg Blankenstein	Hattingen	nein	nein
Haus Kemnade	Hattingen	ja, in der ehemaligen Kapelle	nein
Isenburg	Hattingen	nein	nein
Schloss Strünkede	Herne	ja	evangelisch
Schloss Herten	Herten	ja	ja
Haus Opherdicke	Holzwickede	ja	nein
Wasserburg Anholt	Isselburg-Anholt	ja	ja
Burg Linn	Krefeld	ja	nein
Schloss Schwansbell	Lünen	ja	nein
Schloss Moers	Moers	ja	nein
Schloss Broich	Mülheim an der Ruhr	ja	nein
Schloss Styrum	Mülheim an der Ruhr	ja	nein
Borg Vondern	Oberhausen	ja	nein
Schloss Oberhausen	Oberhausen	ja	nein
Haus Martfeld	Schwelm	ja	ja
Haus Voerde	Voerde	ja	nein
Schloss Wissen	Weeze	ja	nein
Burg Hardenstein	Witten	nein	nein
Haus Herbede	Witten	ja	nein

In vielen Burgen und Schlössern können Paare standesamtlich oder auch kirchlich heiraten. Manche Häuser wie Burg Lüttinghof in Gelsenkirchen oder Burg Blankenstein in Hattingen vermieten auch Räume für das Fest und bieten ein Catering an.

MIT DEM AUFZUG AUF DEN BURGHOF

Die Burg Altena hat nicht nur einen Erlebnisfahrstuhl. Sie ist auch die älteste Jugendherberge der Welt

Als oberhalb der Lenne die Burg Stein für Stein wuchs, erfreute das nicht alle Menschen. Dem Grafen von Arnsberg, so erzählt man sich, gefiel der furchteinflößende Bau in der Nähe überhaupt nicht. „All zu nah" seien die Mauern, wie er in Platt verkündete: „Al-te-na". Die Bauherren ließen sich von den Drohungen des Grafen zwar nicht beeindrucken.

BURG ALTENA

Anschrift: Fritz-Thomée-Str. 80, Altena
Parkplatz: z. B. Langer Kamp, Bürgerbus pendelt von März bis Oktober, Sa/So, zwischen Parkplatz und Museen
Begehbar: ja, teils ohne Eintritt
Besonderes: Exponate erklären Redewendungen, wie „den Löffel abgeben"
Einkehr: Restaurant mit Biergarten direkt auf dem Burghof

Aber der Name der Burg war in Stein gemeißelt: „Altena".

Von solchen Sagen erfährt der Besucher, wenn er den Aufzug nimmt. Seit vier Jahren muss er nicht mehr zu Fuß die Burg erobern. Ein Fahrstuhl bringt ihn von der Fußgängerzone in rund 30 Sekunden nach oben, direkt auf den Burghof. Der Weg zum Aufzug reicht nun 90 Meter tief in den Berg hinein. In dem Stollen werden die Sagen, wie die zum Namen der Burg, durch amüsante Wandprojektionen und Hörstationen erzählt. „Wir haben so neue Besuchergruppen gewonnen", sagt Museumspädagogin Bernadette Lange. Die 53-Jährige denkt dabei nicht nur an Jugendliche, die versuchen, die animierten Fische auf dem Boden zu jagen. Auch Menschen, die nicht gut zu Fuß sind, mögen den barrierefreien Zugang.

Die Gebäude sind allerdings weiterhin nur über Treppen zugänglich. Die schmalen Stufen im Bergfried, dem ältesten Burgteil, kann der Besucher auch ohne Eintritt nehmen. Ebenso die Treppen hinunter, zur ältesten ständigen Jugendherberge der Welt: Der Lehrer Richard Schirrmann, der gerne lange Wanderungen unternahm, kam 1909 mit seinen Schülern in ein Gewitter. „Sie hatten keine Chance, irgendwo unterzukommen", erzählt Lange. Da sei ihm die Idee gekommen, eine Herberge für junge Menschen zu schaffen. Die Originaleinrichtung mit den Stockbetten kann man heute noch sehen. Statt eines Schranks reichte ein Haken im Eichenholz für den Rucksack. „Gewaschen wurde auf der anderen Seite des Hofes, natürlich mit kaltem Wasser."

Der Schlafsaal der Jungen war anfangs nur mit einem Vorhang von dem der Mädchen getrennt. „Das war einem Pfarrer vor Ort aber nicht ganz geheuer." Deshalb errichtete man eine Wand mit verschließbarer Tür.

Im Saal der Mädchen darf man auf den Strohmatratzen Probe liegen.

Museumspädagogin Bernadette Lange.

Auch heute noch können Jugendliche auf der Burg nächtigen. Allerdings nicht mehr in den alten Hochbetten von 1914. In der Vorburg kam in den 30ern eine neue Jugendherberge hinzu. Die Hausordnung, die noch vor dem alten Eingang angeschlagen ist, muss aber keiner mehr beherzigen: „Spätestens um 10 Uhr

Das „Museum der Grafschaft Mark" mit der Ahnengalerie der einstigen Burgbewohner.

Wie im Mittelalter: Die Burg Altena wurde vor gut 100 Jahren wieder aufgebaut. Fotos: Ralf Rottmann

abends sind Gesang und Spiel abzubrechen. Der Führer, der mit seiner Gefolgschaft den gleichen Schlafraum zu teilen hat, löscht das Licht und achte auf völlige Ruhe."

In den anderen Gebäuden lädt das „Museum der Grafschaft Mark" zu einem Rundgang ein, der auch durch die Kapelle führt, in der heute noch evangelische Trauungen stattfinden. Eine Ahnengalerie zeigt die Grafen von der Mark. Lesern dieses Buches wird der Name häufiger begegnen. So groß war das Gebiet, in denen sich die Grafen niederließen. „Aber sie haben nicht nur viel erobert", sagt Bernadette Lange. „Sie hatten auch eine geschickte Heiratspolitik."

Doch da der letzte Graf von der Mark, Johann Wilhelm, kinderlos blieb, fiel das Anwesen mit dessen Tod 1609 an die Brandenburger. Zunächst war die Burg ein Garnisonssitz, dann ein Invalidenhaus. Später beherbergte sie ein Gericht sowie ein Gefängnis, danach ein Waisen- und Armenhaus und schließlich bis 1907 ein Krankenhaus.

Ein Modell in der Ausstellung führt vor Augen, wie die Burg damals ausgesehen hat. Grundmauern waren da, aber viele Gebäude nicht mehr erhalten. Und der große Pulverturm war viel kleiner als heute. Ein Ölgemälde an der Wand zeigt das Porträt des Mannes, der verantwortlich dafür ist, dass die Burg wieder aufgebaut wurde: Fritz Thomée. „Ich finde, man sieht es ihm an: Er war durchsetzungsstark", sagt Lange. Ein Denkmalpfleger stellte sich ihm entgegen: Der Aufbau habe nicht viel mit dem zu tun, wie die Burg einst aussah. Der Streit eskalierte: „Es wäre beinahe zum Duell gekommen." Kaiser Wilhelm II. setzte dem Ganzen jedoch

Ein Blick in die älteste Jugendherberge der Welt.

ein Ende. Das Anwesen, dessen Wurzeln mindestens bis ins 12. Jahrhundert reichen, wurde wieder aufgebaut, geleitet vom Ideal einer Mittelalter-Burg. Und mit einem höheren Turm. Dort sollte die 300-jährige Zugehörigkeit der Grafschaft Mark zu Preußen gefeiert werden. Da die Burg jedoch nicht rechtzeitig 1909 fertig wurde, verlegte man die Feier auf die Hohensyburg in Dortmund.

Originaleinrichtungen findet man nicht im Museum. Aber da in der Burg schon 1875 ein Heimatmuseum war und die späteren Direktoren auf Auktionen einiges ersteigerten, ist die Sammlung ordentlich. Ein Blick in die Waffenabteilung: Neben Rüstungen gibt es dort Schwerter und Dolche, Kanonen und Pistolen. Bis so eine Waffe gestopft war, verging einige Zeit. Dabei musste das Schießpulver schön trocken sein.

Bernadette Lange: „Wenn es stark regnete, fiel der Krieg aus."

Feuer und Wasser spielte in Altena schon immer eine große Rolle. Neben der Lenne nutzte man auch Bäche, um Energie fürs Drahtgewerbe zu gewinnen. Ausgestellte Kettenhemden, mit je etwa 20.000 Ringen, zeigen das Schmiede-Handwerk.

Die Gegend war reich an Eisenerz. „Man vermutet, dass Burg Altena genau deswegen hier gebaut wurde, abseits von den großen Handelswegen, um die Eisenproduktionsstätten zu schützen", so Bernadette Lange. Allerdings war die Metallverarbeitung Segen und Fluch zugleich: Viele Häuser aus Holz brannten ab. Und so bedienten sich die Menschen auch gerne bei den Steinen der Burg, um ihr Zuhause zu sichern: „Wer nicht ‚steinreich' war, musste mit der Bedrohung durch Feuer leben."

AUSSEN MÄRCHENROMANTIK, INNEN KÜHNE KUNST

Schloss Moyland in Bedburg-Hau bietet einer gewaltigen Joseph-Beuys-Sammlung und vielen modernen Kunstwerken ein Dach

Es liegt so entzückend dekorativ in der Landschaft, als hätte Disneys Zauberlehrling mit seinem Stab ein Cinderella-Schlösschen mitten an den Niederrhein getupft, so schön, dass es fast kitschig wirkt. Man steht vor dieser neugotischen Pracht und Wucht an jener Stelle, an der einst eine Zugbrücke über den Schlossgraben führte, und plötzlich erscheint etwas im linken Augenwinkel: Warum dümpelt dort recht schräg ein Häuschen im ruhigen Wasser? Warum dringen Festgeräusche aus dem Inneren? In diesem Moment ist man auf einmal tief drin im großen Thema von Moyland: Schloss trifft Kunst. Denn was da im Schlossgraben halb zu versinken scheint, ist eine „Atlantis"-Installation der finnischen Künstlerin Tea Mäkipää, die in der Vorburg von Moyland schon ihre gesellschaftskritische Ausstellung „Early Harvest" gezeigt hat. Wer zuvor durch den Schlosspark geschlendert ist, wird vielleicht mehrere der Installationen betrachtet haben, doch der Kontrast springt vor der malerischen Kulisse des Schlosses unübersehbar ins Auge.

Bettina Paust weiß darum: „Moyland übt in seiner Monumentalität eine Faszination aus, der man sich nur schwer entziehen kann." Paust ist die stellvertretende künstlerische Direktorin und Leiterin des Joseph Beuys Archivs – und als solche begrüßt sie es, wenn durch Kunst eine Irritation entsteht. Moyland ist so ein Ort der Kontraste, denn es bietet dem weltweit größten Bestand an

SCHLOSS MOYLAND

Anschrift: Am Schloss 4, Bedburg-Hau
Parkplatz: vor dem Schlosspark
Begehbar: Garten ab 2 €, Ausstellung Erwachsene ab 7 €, barrierefrei
Besonderes: Schlosspark im gemischten Stil, Hortensiensammlung, barocker Kräutergarten
Einkehr: Schlosscafé in der Vorburg (Tel. 02843/1693361)

Schloss Moyland: eine traumhafte Kulisse mit wuchtigen Türmen. Fotos: Ralf Rottmann

Werken von Joseph Beuys ein Dach, jenes international bedeutenden, aber auch umstrittenen deutschen Künstlers. Es ist ein Teil der Sammlung der Brüder van der Grinten.

Dass auf Moyland, erstmals erwähnt 1307, Alt auf Neu trifft, hat viele Besucher verblüfft. Außer neogotischer Backstein, innen strahlendes Weiß mit Marmor, ein fast blendendes, lichtdurchflutetes Entree, elegant und nüchtern gestaltet.

Die Entscheidung, es so zu halten, fiel bewusst. Denn nach dem Zweiten Weltkrieg war Moyland eine verfallene Ruine, vom Inneren war so gut wie nichts erhalten. Es dauerte

Bettina Paust leitet das Joseph Beuys Archiv

Schloss Moyland vom hohen Nordturm aus betrachtet.

viereinhalb Jahrzehnte, bis sich eine Folgenutzung fand. „Um Moyland neu aufleben zu lassen, fanden sich im Jahr 1990 drei Stiftungspartner zusammen. Das war zum einen die Familie van Steengracht, in deren Besitz das Schloss schon zuvor war. Das waren zum anderen die Brüder van der Grinten. Und als drittes das Land Nordrhein-Westfalen unter dem damaligen Ministerpräsidenten Johannes Rau", erzählt Paust. Mit Moyland versuchte Rau eine postume Wiedergutmachung an Beuys. Denn im Jahr 1972 hatte Rau als Wissenschaftsminister den rebellischen Beuys, der mit abgewiesenen Studenten das Sekretariat der Düsseldorfer Kunstakademie besetzt hatte, fristlos entlassen und von der Polizei aus dem Haus werfen lassen. Ein ungeheuerlicher Vorfall.

Im Mai 1997 wurde Moyland als Museum eröffnet, gut elf Jahre nach Beuys' Tod, Rau war dabei. In den ersten beiden Jahren waren die beiden Brüder van der Grinten künstlerische Direktoren.

In dieser Zeit wurzelt ein weiterer postumer Streit ums Beuys-Werk. „2009 habe ich die Leitung dieses Hauses übernommen. Und ich habe etwas verändert, was manchem Tränen in die Augen getrieben hat, nämlich die legendäre ‚Moyländer Hängung' abgeschafft", berichtet Bettina Paust. Dicht an dicht waren zuvor die

Beuys-Bilder an den Wänden kombiniert zu großen Flächen. Eine Präsentation, die einzelnen Werken wenig Raum ließ, ihre Wirkung zu entfalten. Damals wie heute ist umstritten, ob die Abschaffung gut oder schlecht war für die Präsentation des Beuys-Werks. Beuys ist eben auch nach seinem Tod kein einfacher Künstler.

Neben seinem beherbergt das Museum noch zahlreiche andere Werke, darunter eine Sammlung von Skulpturen, auch Arbeiten von Max Klinger und Rudolf Belling.

Einer sehr erwähnenswerten Fußnote in der Moyländer Geschichte ist die Begegnung von Friedrich dem Großen und Voltaire am 11. September 1740, „aus der sich eine lange, durchaus wellenreiche Freundschaft entwickelte", so Paust. „Voltaire wollte hier eine Philosophenakademie einrichten. Daraus ist aber nichts geworden."

Ohne Beuys wird es auf Moyland ohnehin nicht mehr gehen, zu sehr sind nach 20 Jahren Bauwerk und Kunstwerke miteinander verbunden. „Zu uns kommen auch viele Menschen, die zunächst gar keinen Berührungspunkt zu Beuys haben", sagt Paust. Und die hinterher mehr sehen als den „durchgeknallten Künstler". Die Ausstellungsgeschichte hat den vielleicht sinnfälligsten Titel für die Wahrnehmung von Beuys im Repertoire: „Mehr Fett als Filz".

Das Schloss beherbergt eine facettenreiche Kunstsammlung. Im Bild Jean-Antoine Houdons „Der Winter, genannt Frisleuse" (1783).

DAS VERGANGENE BILDET DEN RAHMEN FÜR DIE ZUKUNFT

Haus Weitmar in Bochum ist ein spannender Kultur-Ort. Ein Nachfahre der früheren Bewohner – Alexander von Berswordt – lobt den Wandel

„Nichts ist wie es war" – diesen Satz in Leuchtschrift liest der Besucher, wenn er die Treppen hinuntergeht, zum „Museum unter Tage". Um das Bild des Schlossparks nicht zu verfälschen, werden dort seit 2015 Bilder in unterirdischen Räumen gezeigt. Die Kuratorin Maria Spiegel bekommt leuchtende Augen, wenn sie durch die Dauerausstellung führt: „Weltsichten – Landschaft in der Kunst seit dem 15. Jahrhundert". Kunst-Geschichte wird in Bochum groß geschrieben. Fragt man jedoch nach der Geschichte des Hauses Weitmar, läuft man gegen Wände.

Über die Vergangenheit möchte sie ungern sprechen, blockt Maria Spiegel ab. Die Vergangenheit, die Gegenwart, die Zukunft – alles sei an diesem Ort miteinander verbunden: Die Ruine bildet heute den Rahmen für einen modernen Kubus. Im Kulturhauptstadtjahr 2010 bekam das Anwesen dieses neue, ungewöhnliche Gesicht, das die Architekten Pfeiffer, Ellermann und Preckel aus Münster erdachten. Skulpturen säumen den alten Adelssitz. Der Weg, der auf das Haus Weitmar zuläuft, ist heute nicht mehr geradlinig gestaltet – passend zum symbolträchtigen Ort.

„Nichts ist wie es war." Aber wie war es denn nun? In der Zeit, bevor der Kubus – Ausstellungs- und Tagungsort – nicht mal eine Idee war. Als die Mauern des Herrenhauses noch standen. Aber auch der eigentliche Besitzer der Ruine, Alexander von Berswordt, der Haus Weitmar der

---

HAUS WEITMAR

Anschrift: Schlossstraße 1, Bochum
Haltestelle: Haus Weitmar
Begehbar: eingeschränkt
Besonderes: Schlosspark mit Skulpturen, Galerie m, Situation Kunst und Museum unter Tage
(www.situation-kunst.de; Tel. 0234/3228523)
Einkehr: Bistro im Kubus öffnet zu Museumszeiten (Mi-Fr 14-18 Uhr, Sa+So 12-18 Uhr)

„Stiftung Situation Kunst" übergab, mag zunächst nicht über die Vergangenheit sprechen.

„Es gibt ja eine heimliche Verehrung in der breiten Bevölkerung für royale Themen. Ich finde das bedauerlich. Für mich sind die nicht anders als andere Familien", sagt Berswordt und schiebt noch zynisch nach: „Vielleicht, weil ich den Nachteil hatte, in einer dieser komischen Familien aufzuwachsen."

Die Berswordts übernahmen 1781 den Hof, dessen Wurzeln bis ins zehnte Jahrhundert reicher. Ein Springbrunnen stand später vor dem Haus aus Ruhrsandstein im Renais-

Alexander von Berswordt findet das Heute und das Morgen spannender als das Gestern.

In die Ruine wurde im Kulturhauptstadtjahr 2010 ein moderner Kubus gesetzt. Fotos: Ingo Otto

sancestil. „Diese komische Barocktreppe mit der Brücke" führte und führt auch heute noch über den wieder gefüllten Wassergraben. Und im Sommer stellte die Familie Palmen in Kübeln raus – „peinlich!" Der Urgroßvater von Alexander von Berswordt verhätschelte seinen einzigen Sohn, der nur eine Aufgabe im Leben gehabt hätte: Die Stammeslinie zu erhalten. Der Urenkel Alexander von Berswordt kann über solch ein Ansinnen nur den Kopf schütteln. Der Glanz, das Getue sind ihm zuwider. „Die Jetztzeit finde ich spannend", betont der 74-Jährige. „Heute gibt es richtig viel zu sehen, was den Menschen viel geben kann."

Zwölf Tage vor seiner Geburt trafen Bomben das Haus Weitmar. Zu der Zeit wohnte seine Familie in Berlin. Nach dem Zweiten Weltkrieg lebte er in eineinhalb Räumen des Wirtschaftsgebäudes gemeinsam mit seiner Mutter und zwei Geschwistern, während der Vater in Gefangenschaft war. „Meine Mutter hat uns mit ein bisschen Landwirtschaft und Vieh durchgefüttert." Die Kinder spielten in den Trümmern, in denen Handgranaten lagen. „Einem Kumpel hat es die Hand abgerissen."

Der junge Alexander fand in der Ruine ein reich verziertes Stundenbuch. Es gehörte zu einer großen Handbibliothek des Urgroßvaters. „Heute ist es im Ruhr Museum in Essen." Die Bibliothek ist ein verloren gegangener Besitz, den er wirklich be-

Hinter Haus Weitmar steht die Sylvesterkapelle mit zweiteiliger Stahlskulptur von Richard Serra.

Um das Bild des Schlossparks nicht zu verändern, eröffnete 2015 das „Museum unter Tage".

dauert: „30.000 Bände, darunter viele mittelalterliche Schriften." Sie gingen in den Flammen auf.

Das Wirtschaftsgebäude mit den Stallungen wurde Jahre später abgerissen. Den Untergang einer anderen Ruine konnte Berswordt jedoch verhindern: Hinter Haus Weitmar stehen die Reste der Sylvesterkapelle, die erstmals 1397 erwähnt wurde. Im Kapellenraum kann man heute eine Skulptur von Richard Serra bewundern: „O.I.C.". Die Wahrheit ist anders als die Wirkung: Man mag es kaum glauben, dass die beiden Stahlblöcke gleich groß sind.

Berswordt wollte immer, dass der Park den Bochumern offen steht. Er verpachtete das Anwesen der Stadt. Der Baumbestand war einst noch reicher. Berswordt ärgert sich über den Verlust einer seltenen Süntel-Buche, die über 300 Jahre alt war. Die boden-

langen Äste schafften einen Naturraum – „fast wie ein Sakralgebäude", schwärmt Berswordt. Vor 17 Jahren zündeten Randalierer den Baum an. Einen dieser knorrigen Äste ließ Berswordt in Bronze nachgießen. Auf dem Außengelände des Museums „Situation Kunst (für Max Imdahl)", das zu den Kunstsammlungen der Ruhr-Uni zählt, ist das Naturdenkmal zu sehen.

Die Vergangenheit mit Krieg und Zerstörung soll sich nicht wiederholen, dafür stehe das Haus Weitmar, so Berswordt. Doch am Herzen liegt ihm nicht das Anwesen, sondern die international bedeutende Kunst, die dort gezeigt wird. „Das ist etwas, was das Ruhrgebiet hoffentlich auch in Zukunft ausmacht."

Wer die Treppen hinaufsteigt zum Ausgang des „Museums unter Tage" der liest die Leuchtschrift: „Nichts wird sein wie es ist".

DAS LUSTSCHLOSS MIT MARIENKÄFER-ACHTERBAHN

Seit rund 50 Jahren gibt es den Freizeitpark Schloss Beck schon – ein barockes Herrenhaus mit Karussells & Co. für die Kleinen in Bottrop

Fragt man hundert Erwachsene, welches wohl das bekannteste Schloss an Rhein und Ruhr ist, erhält man vermutlich fünfzig verschiedene Antworten. Fragt man aber hundert Unter-Zwölfjährige, gibt es bis auf ein paar kleine Ausreißer vor allem eine Antwort: Schloss Beck. Allerdings darf man unterstellen, dass das gelb leuchtende Barockschloss in der Kinderwelt nicht wegen seiner erhabenen Bauweise so beliebt ist. Eher schon wegen der Marienkäfer-Achterbahn.

Der Freizeitpark Schloss Beck ist ein gutes Stückchen heile Welt und, man muss sich das mal vorstellen, schon über 50 Jahre alt. Es muss etwas in der Luft gelegen haben im Jahr 1967, denn im Laufe von wenigen Monaten eröffneten damals gleich mehrere Freizeitparks in NRW. In Brühl der „Märchenwald", der später zum Phantasialand heranwuchs. Und direkt in der Nachbarschaft von Schloss Beck der „Kirchhellener Märchenwald", der später zum Traumlandpark, zum Bavaria-Filmpark, zur Warner Movie World und schließlich heute zum Movie Park Germany werden sollte.

Die Frau, die das alles beobachtet und mitgelebt hat, steht heute stolz vor ihrem Schloss, während im Hintergrund Kinder puppenlustig auf Trampolins hüpfen und mit motorgetriebenen Ponywagen über den Schlosshof kurven. Renate Kuchenbäcker hat 1966, gemeinsam mit ihrem Mann Karl, das stark verfallene Schloss Beck gekauft – ein Juwel, das sonst

SCHLOSS BECK

Anschrift: Am Dornbusch 39, Bottrop
Parkplatz: vor dem Parkeingang (1 €)
Haltestelle: Bahnstation Feldhausen
Begehbar: Park ja, das Schloss nicht
Besonderes: Zugang nur mit Eintritt in den Freizeitpark, Führungen nur nach Vereinbarung (Tel. 02045/5134)
Einkehr: Imbissstände und die Schloss-Schänke auf dem Gelände

SCHLOSS BECK

Im Motor-Ponywagen auf dem Hof. Fotos: Ralf Rottmann

kaum jemand wollte. „Das war sein Traum", erzählt die 84-Jährige mit einem Leuchten in den Augen. Nach ersten Renovierungen und einigen Tanzveranstaltungen erahnten die Kuchenbäckers das Potenzial ihres Schlosses. Kurzerhand schafften sie Geräte an – und eröffneten 1967 ihren Freizeitpark, Eintritt damals: 50 Pfennige.

Heute finden sich rund ums Schloss Kinder-Riesenrad, Schiffsschaukel, Ponyreiten, Bötchen, drinnen: Kletterparadies, Fledermaushöhle und Gruselkeller. Man merkt dennoch: Es geht vergleichsweise gemächlich zu nach den Maßstäben der Erwachsenen, aber turbulent genug, um Kindern einen Tag voll Vergnügen zu bereiten, wie man entzückten Schreien entnehmen kann. Gerade hat Lena (5) einen Unfall gebaut – der ist halb so schlimm, ihre Motor-Ponykutsche ist in der Hecke gelandet. Na also: Selbst wenn etwas schiefgeht, kann nicht viel schiefgehen.

Genau das ist das Erfolgsrezept von Renate Kuchenbäcker: Während man

Renate Kuchenbäcker stolz vor ihrem Schloss.

SCHLOSS BECK

Der Turm des „Wasserschusses".

im Freizeitpark nebenan Jahr um Jahr größere, haarsträubendere Fahrattraktionen anschaffte, schlug man auf Schloss Beck einen anderen Kurs ein: „Wir haben gesagt: Wir werden es nie schaffen, solche riesigen Fahrgeschäfte zu kriegen, also stellen wir uns auf die junge Familie mit kleineren Kindern ein, so bis zehn, elf. Alles, was älter ist, geht sicherlich lieber nach drüben."

Im Schloss selbst blickt man in die Vergangenheit, allerdings nicht nur in die barocke. Die sieht, kurz abgerissen, so aus: Schon lange bevor 1766 mit dem Bau des heutigen Barockhauses begonnen wurde, gab es hier das Haus Beck, jedoch nicht ganz an derselben Stelle. 1766 entschloss sich Friedrich Florenz Raban von der Wenge, ein barockes Lustschloss („Maison de Plaisance") nach den Plänen des bekannten Bauherrn Johann Conrad Schlaun (1695–1773) zu erbauen. Schlaun hatte unter anderem bereits das Schloss Münster entworfen. Die Fertigstellung von Schloss Beck im Jahre 1776 erlebte Schlaun allerdings nicht mehr. Und obwohl es als eines von Schlauns Meisterwerken gilt, zählte das Schloss zu den eher vernachlässigten Gebäuden, den Adelsfamilien fehlte es meist an Geld. Nach dem Zweiten Weltkrieg war es zwar nicht stark beschädigt, aber verfallen wurde vom Energiekonzern Veba gekauft, der es schließlich einer Jugendbildungsstätte schenkte. Als die zahlungsunfähig wurde, kamen die Kuchenbäckers – und schließlich der Freizeitpark.

Einige Zimmer in Schloss Beck strahlen im Glanz vergangener Adelszeiten, mit Kronleuchtern und Gemälden, andere verweisen in die frühe Zeit des Freizeitparks, etwa das von Steiff-Tieren überbordende „Venezia", eine animierte Gondellandschaft, mit Häschen, Giraffen und anderem seltenen Plüschgetier – während 100 Meter weiter die Marienkäfer-Achterbahn vorbeibraust.

Von den größeren Attraktionen des Schlosses Beck ist eine der beeindruckendsten gar kein Fahrgeschäft, sondern der gut vier Meter hohe Baumwipfelpfad, auf dem man durch die Baumkronen des benachbarten Waldes wandern und die Natur beobachten kann. Er passt zu Beck, denn es ist keine lärmende, keine nervenkitzelnde Attraktion – aber sehenswert ist er allemal.

TRUTZIGES WOHNIDYLL MIT MANUFAKTUR FÜR ZIGARREN

Das Wasserschloss Bladenhorst ist ein Wahrzeichen von Castrop-Rauxel und lädt zum Lustwandeln in seinem Garten ein

Bodo Möhrke freut sich, auf Schloss Bladenhorst zu leben und sich um sein Anwesen zu kümmern.

„Es steht ein Schloss in Castrop-Rauxel", so könnte glatt ein hübscher, selbstironischer Ruhrgebiets-Schlager anheben, in bester Nachfolge zu Friedel Henschs „Mond von Wanne-Eickel". Doch wer zwischen „Schloss" und „Castrop-Rauxel" einen solch himmelschreienden Kontrast vermutet, der einem fast von selbst ein Lächeln auf die Lippen zaubert, der kennt Schloss Bladenhorst nicht. „Kohle und Stahl haften der Stadt noch immer an", sagt der heutige Schlossherr Bodo Möhrke. Dabei hatte die Stadt nie ein Stahlwerk – und die letzte Zeche schloss vor 30 Jahren. Bladenhorst indes ist ein Kleinod mitten im Idyll. „Egal, wo Sie hinschauen: Sie sehen kein anderes Haus", stellt Möhrke fest. Stattdessen ist das hübsche Renaissance-Wasserschloss eingerahmt vom Rhein-Herne-Kanal, dem Deininghauser Bach und von Gestüten.

Die meisten Ruhrgebietsbürger kennen den Ort Bladenhorst ja höchstens vom Vorbeirasen am Autobahnschild am östlichen Ende der A42. „Bladenhorst sind ein paar Straßen, die dazu gehören mit circa 600 Ein-

WASSERSCHLOSS BLADENHORST

Anschrift: Westring 346, Castrop-Rauxel
Parkplatz: Kleiner Platz gleich vor dem Tor
Haltestelle: Buslinie 237, Pöppinghauser Straße/Westring
Besonderes: Schloss ist in Privatbesitz, Außenbesichtigung möglich, Führungen zu besonderen Anlässen; Zigarrenmanufaktur „Fidel Castrop" im alten Wehrturm

WASSERSCHLOSS BLADENHORST

Aus dem Garten geht's über eine Brücke zum Balkon auf der Rückseite von Bladenhorst. Fotos: Kai Kitschenberg

wohnern. Es ist einer der 13 Vororte, die sich zusammengeschlossen haben zu Castrop-Rauxel", erzählt Möhrke.

Wer sich vom Parkplatz durch das trutzige Torhaus aus dem 13. Jahrhundert mit seinen dicken Mauern und den Wehranlagen nähert, landet im grünen Schloßgarten und an den Ufern der malerischen Gräfte. Hier wacht Erpel Caesar über seine Schar von Junggänsen, hier laden Bänke zum Verweilen ein.

Was man im ersten Moment kaum zu hoffen wagt: Hier kann man wohnen, sogar als Normalsterblicher. In Schloss Bladenhorst gibt es gut 25 Wohnungen, etwa 50 Menschen leben im Gebäude. Gut, nicht alle von ihnen bewohnen wie Möhrke das alt-

ehrwürdige Gemäuer, aber auch der gut 130 Jahre alte Wirtschaftsanbau lässt sich sehen, er ist innen topmodern renoviert, mit Aufzug. Und bietet auch Platz für Büros und ein geradezu futuristisch anmutendes Küchen-Konzeptstudio.

Doch zurück in die Geschichte: Die erste Erwähnung der Burg des Rittergeschlechts von Blanhurst stammt aus dem Jahr 1266, also sind die Fundamente, auf denen das Wasserschloss ruht, vermutlich noch ein paar Jährchen älter. Das heutige Haupthaus jedoch stammt aus der Zeit um 1530, also tatsächlich aus der Renaissance.

In Adelsbesitz ist Bladenhorst seit 1926 nicht mehr. Damals verkaufte die Familie von Romberg das Anwesen an die Klöcknerwerke – und in den 30er-Jahren wäre um Haaresbreite doch ein Stahlwerk gleich nebenan auf der grünen Wiese entstanden. Doch die Pläne wurden verworfen, das Schloss blieb unberührt.

Im Jahr 2006 schließlich stand das Schloss wieder zum Verkauf – und nach einem kurzen Zwischenspiel in den Händen der Sparkasse übernahm 2007 der Dortmunder Bodo Möhrke den Adelssitz. Er selbst lässt zwar im Namen das „von" und „zu" vermissen, trägt aber durchaus Züge eines Gentlemans. Und führt auch nicht ohne Stolz durch seinen Schlosspark, vorbei am verwunschen daliegenden Tee- und Backhaus, hin zu einem alten Wehrturm, der ein Kuriosum bereithält. Darin produziert Daniel Wittur in einer Manufaktur seine eigenen Zigarren. Markenname? Na, „Fidel Castrop"! Angebaut, getrocknet, verarbeitet und versteuert natürlich in … Castrop-Rauxel! Gutes Material, hört man, wenn auch nicht ganz billig. Und allein der Gag, Castroper Zigarren zu verschenken, verströmt ja schon mehr als einen Rauch-Hauch von Originalität.

Auch wenn das Schloss Bladenhorst normalerweise nicht für Führungen offen steht, dürfte mancher Einheimische den ehemaligen Bankettsaal des Haupthauses kennen – und sei es, von der eigenen Hochzeit. Denn der Raum mit den Schwertern an der Wand dient heute oft als Trauzimmer. Und bei Tatort-Dinners jagt man hier den Teilnehmern regelmäßig wohligen Grusel ein. „Man kann hier aber auch gut zu zweit sitzen", sagt Möhrke und lächelt ein wenig zufrieden.

Wer nun selbst davon träumt, eines schönen Tages in einem Schloss zu wohnen: Von Zeit zu Zeit wird eine Wohnung frei auf Bladenhorst, zur Miete oder zum Verkauf, man sollte nur die Augen aufhalten und regelmäßig auf der Webseite des Schlosses vorbeischauen. Denn grüner und hübscher wohnen mitten im Ruhrgebiet – danach muss man schon ein bisschen Ausschau halten außerhalb vom „Schloss in Castrop-Rauxel".

Das Teehaus im Park von Bladenhorst.

DER WEG FÜR DIE KUTSCHEN FÜHRTE MITTEN DURCHS SCHLOSS

Das Museum im Schloss Lembeck in Dorsten zeigt das Leben der Grafen vor Hunderten von Jahren

Eigentlich sollten sowohl die Vorburg als auch das Schloss Lembeck U-förmig aussehen. Doch heute erinnern die Gebäude lediglich an zwei L. Für den weiteren Flügel am Herrenhaus fehlte das Geld. Und der Anbau, der die Vorburg komplett machte, brannte 1887 ab. Der Grund dafür lag im Schweinefutter.

Dass man bei der Haltung von Tieren einiges falsch machen kann, wusste man nämlich schon lange vor dem Fipronil-Skandal. Man gab den Schweinen nicht einfach die Reste von den Tellern. Man kochte das Futter erst ab. Und da machte man damals einmal etwas zu viel Feuer ...

Aber es gibt heute keinen Grund zu lamentieren, denn diese zwei L – Vorburg und Haupthaus – bilden zusammen eines der größten Schlösser im Münsterland. Und das hat es in sich: Schloss- und Heimatmuseum, Kapelle und Trauzimmer mit Bildergalerie, Forstverwaltung und schließlich Hotel und Restaurant, für die der Schlossherr zurzeit einen neuen Pächter sucht. Seit Jahrhunderten ist Lembeck in dessen Familienbesitz. Trotzdem hätte er beinahe nicht Ferdinand Graf von Merveldt geheißen. Sein Nachname wäre eigentlich „von Twickel" gewesen, wie man auch seinen Papa nannte. Aber der Großvater mütterlicherseits wollte den Namen Merveldt sichern und adoptierte seinen Enkel, den Erben des Anwesens.

Bodenständig wirkt der 66-Jährige. Das Geld, das der fünffache Vater mit

> **SCHLOSS LEMBECK**
>
>
>
> **Anschrift:** Schloss 2, Dorsten
> **Parkplatz:** vor dem Schloss
> **Haltestelle:** Lembeck Schloss
> **Begehbar:** begrenzt, nicht barrierefrei
> **Besonderes:** Schlossmuseum, bis Oktober Sa/So/Fei Führung, 11-17 Uhr stündlich (6 €, ab 3 Jahre: 3,50 €, ab 13 Jahre: 4,50 €)
> **Einkehr:** „Café am Schloss"
> **Infos:** Tel. 02369/7167, schlosslembeck.de

Der Schlaun'sche Festsaal, benannt nach dem Barockmeister, mit Gemälden der früheren Schlossbesitzer.

Wald und Museum einnimmt, will er nicht in Ferrari oder Ferien investieren, sondern lieber in den Erhalt des Schlosses, in dem er als Junge Verstecken spielte. Die Vorburg ist sein eigentliches Zuhause. Kurz nach dem Krieg entschieden seine Eltern, aus dem Schloss ein Museum zu machen. Möbel und Bilder kamen in die erste Etage. Die erholungssuchenden Menschen staunten: Über ein original erhaltenes Deckengemälde, Wandteppiche und das handbemalte Porzellan – „Jede Blüte sieht anders aus". Und über ein reich verziertes Bett aus dem 17. Jahrhundert mit hölzernem Himmel, in dem sich der heutige Graf nicht ausstrecken könnte. „Die Menschen waren kleiner und schliefen mit Kissen im Rücken. Sie dachten, wenn man liegt, wird man krank", erzählt Merveldt, während er in Schlosspantoffeln durch die Räume führt. Der größte ist der Schlaun'sche Festsaal mit der sehr schönen Stuckdecke, benannt nach dem Baumeister Johann Conrad Schlaun. Der Star der Barockzeit.

Ferdinand Graf von Merveldt, Herr von Schloss Lembeck. Fotos: Fabian Strauch

In einem holzvertäfelten Raum steht ein Schwan, so groß wie ein echter. Diesem könnte man jedoch den Bauch dekorativ füllen, mit Obst oder Blumen. Aber das ist nicht das Erstaunlichste. Der Graf entdeckte bei einem Besuch von Neuschwanstein die Geschwister. Zum Verwechseln ähnlich seien die Schwäne in Bayern gewesen. (Dabei ist Neuschwanstein jünger als Lembeck).

Auch wenn vieles nicht mehr an seinem Originalplatz steht: 90.000 Besucher kamen früher im Jahr, um sich anzuschauen, wie die Grafen im 17. bis 19. Jahrhundert gelebt haben. Heute, wo viele Schlösser zu Ausstellungen laden, sei es ein Drittel weniger, bedauert Merveldt. Dabei lohnt sich schon von außen ein Blick auf das Wasserschloss im Naturpark Hohe Mark. Und das nicht nur zur Rhododendron-Zeit, wenn der Schlosspark seine bunte Pracht zeigt. Ungewöhnlich sind etwa die Tunnel, die durch die Vorburg und das Herrenhaus führen. „Der Weg war nicht nur für feine Kutschen da", so Merveldt. Jeder Karren, der zum Wirtschaftsgebäude sollte, musste dort hindurch. „Sonst hätte man Umwege fahren müssen." Die eisenbeschlagenen Holzreifen rumpelten. Das hätte einer Gesellschaft im Haus die Tassen klirren lassen. Daher tauschte man die Steine gegen ein Eichenholzpflaster, das man heute noch zum Teil sehen kann. Es war quasi der Vorläufer des Flüster-Asphalts.

Wer vor dem Herrenhaus steht, wundert sich, dass die Fenster auf der rechten Seite tiefer sind. Es handelt sich um den ältesten Schlossteil, der vor dem Tunnel entstanden ist.

Mit den Herren von Lembeck im 12. Jahrhundert beginnt die Geschichte des Hauses, in das zunächst die Familie von Westerholt und später die von Merveldt einheiratete. 1943 beschädigte eine Bombe einen Turm des Hauses. Aber er konnte wieder aufgebaut werden. Die Inneneinrichtung litt jedoch, als kanadische Soldaten im Schloss stationiert waren. Da sei so manches Geschirr aus dem Fenster in die Gräfte geflogen, so Merveldt.

Das Schloss in seiner heutigen Form wurde vor 325 Jahren fertiggestellt. Das wurde im Jahr 2017 in der Stadt mit einem Festumzug gefeiert – zusammen mit „1000 Jahre Dorf Lembeck und 800 Jahre St. Laurentius".

In der Schlosskapelle können sich Katholiken noch heute das Ja-Wort geben. Standesamtliche Trauungen finden im Untergeschoss statt, in der alten Schlossküche. Dort sind auch Bilder des Malers Hanns Hubertus Graf von Merveldt (1901–1969) ausgestellt – der „Onkel sechsten Grades" des heutigen Schlossherrn. Vor einiger Zeit tanzten in dem Raum noch Menschen: Das heutige Trauzimmer war eine Disco. „Wichtig ist die Nutzung des Hauses", betont Merveldt. „Ohne Nutzung droht der Verfall."

Das Schloss in seiner heutigen Form wurde vor 325 Jahren fertiggestellt. Ein Richterstuhl (u.l.) erinnert daran, dass in der Burg Recht gesprochen wurde. Kutschen nutzten früher den Tunnel im Schloss (u r.).

HINTER DEN MAUERN VON RITTER GISELBERT

Haus Bodelschwingh in Dortmund ist seit über 700 Jahren in Familienbesitz. Im Schloss zu wohnen, ist aber nicht immer märchenhaft

Felix zu Knyphausen hat nicht immer im Schloss Bodelschwingh gelebt. Seine Kindheit verbrachte er in einem Haus im Innenhof des größten erhaltenen Adelssitzes in Dortmund. „Meine Großeltern lebten im Schloss." Er selbst ging aufs Internat, bezog als Student der Agrarökonomie eine WG. Als er mit seiner Frau auf das Anwesen seiner Vorfahren zurückkehrte, waren im Schloss Zimmer frei.

Wer heute über die Brücke geht und die große Eingangstür aufschiebt, ist überrascht. Hatte sich die Fantasie bei diesem herrschaftlichen Bau noch eine riesige Eingangshalle mit großer Treppe ausgemalt, stößt das Auge auf die nächste Tür und eine enge Wendeltreppe. Auf den Stufen liegen die Fahrradhelme der Kinder.

Die privaten Zimmer sollen privat bleiben. Aber die bodenständige Familie verrät, dass sie es selbst modern mag und ein Schloss nicht nur traumhaft ist. Wenn jedes Kind ein eigenes Zimmer haben möchte, gebe es ein Problem, sagt Mireta zu Knyphausen lachend: „Die Räume sind sehr groß." Heute schlafen die drei Kinder in einem Zimmer. Ihr Mann ergänzt: „Wenn im Winter der Wind stark weht, dann zieht es." Die Kachelöfen in den Zimmern können sie aus Brandschutzgründen nicht befeuern. Trotzdem verbrennen sie wie ihre Vorfahren heute wieder Holz. In einer Hackschnitzelanlage, so der 41-Jährige: „Wir heizen weitgehend klimaneutral."

HAUS BODELSCHWINGH

Anschrift: Schloßstr. 75, Dortmund
Parkplatz: kein öffentlicher Parkplatz
Haltestelle: „Bodelschwingh"
Begehbar: nein, Ausnahme etwa am „Tag des offenen Denkmals"
Der Park ist an Markttagen geöffnet, beim „Gartenflair" im Sommer oder „Weihnachtsflair" im Winter.
www.schloss-bodelschwingh.de

Ein seltenes Vergnügen: Schloss Bodelschwingh vom Boot aus entdecken. Das Kamin-Relief zum Kambyses-Urteil (Bild u.).

Felix zu Knyphausen lebt in der 23. Generation im Schloss. Weil die männliche Linie ausstarb, änderte sich der Name: von Bodelschwingh zu Bodelschwingh-Plettenberg und schließlich: zu Inn- und Knyphausen, wobei die heutigen Namensträger das „Inn" gerne mal weglassen.

Den Grundstein legte Anfang des 14. Jahrhunderts Ritter Giselbert I., genannt Speke. Er baute ein Zweikammerhaus, das er 1302 an den Grafen von der Mark übertrug und als Lehen zurückerhielt. Das waren noch keine repräsentativen Räume, wie heute der „Rote Saal", der zum ältes-

HAUS BODELSCHWINGH

HAUS BODELSCHWINGH

Felix Freiherr zu Knyphausen mit seiner Frau Mireta auf dem Steg vor dem Schloss Bodelschwingh. .hre Vorfahren durften Recht sprechen.

HAUS BODELSCHWINGH

Ein Blick ins Innere: Zwischen Bildern der Vorfahren finden schon mal Familienfeste statt. Aber ihren Alltag leben die Schlossbesitzer lieber in modernen Räumen. Fotos: Ralf Rottmann

ten Teil des Hauses gehört und in dem auch schon mal klassische Konzerte zu hören sind. Der Ritter suchte Schutz hinter den sehr dicken Mauern, die man im Inneren noch erkennen kann. Felix zu Knyphausen: „Es muss äußerst ungemütlich gewesen sein."

Die Fassade im Renaissancestil wurde erst später davor gesetzt. Das Haus bekam im 16. Jahrhundert Ecktürme, geschwungene Giebel, Welsche Hauben.

Die Gräfte ist nicht nur schön anzusehen. Das Wasser konserviert auch die Eichenpfähle, auf denen das Gebäude seit Ritter Speke steht – wie ein Haus in Venedig. „Deshalb kann man das Wasser nicht ablassen", so Felix zu Knyphausen. „Das wäre der Anfang vom Ende."

Das Herrenhaus überstand den Zweiten Weltkrieg, eine Bombe traf lediglich die Orangerie. Auch blieb das Anwesen von Bergbauschäden verschont. Man kann nur hoffen, dass der Bodelschwingher Bach den Graben füllt und füllt und so die hübschen Seerosen gelb blühen lässt. Einmal im Jahr müssen sie allerdings Blätter lassen, dann werden sie gemäht. „Damit das Wasser nicht kippt."

Vor der Brücke duften rote Rosen. Ein Züchter hat sie kultiviert, so zeigt das Beet eine üppige Blütenpracht. Aber das allein war ihm nicht genug. Auf dem Markt „Gartenflair", wurde eine von ihm neu gezüchtete Rose getauft: „Baronin von Bodelschwingh".

Zum vierten Mal haben die Schlossbesitzer bereits zu diesem Markt eingeladen. Auch um die Pflege des Parks zu finanzieren, der mal Barock-Züge trug, dann englischer Landschaftsgarten war und den schließlich in den 1970er-Jahren die A45 unglücklich teilte. Heute gibt es keinen Wegezoll mehr, kein Weidegeld, kein Mühlenrecht. Nur das Haus einer alten Mühle steht noch unweit des Anwesens. Geblieben sind alte Wirtschaftsgebäude, die heute als Wohn- und Büroräume vermietet sind.

Auch darf der Schlossherr kein Recht mehr sprechen wie viele Jahrhunderte zuvor. Das Relief auf dem Kaminsims im Roten Saal aus dem 16. Jahrhundert erinnert noch heute daran. Es zeigt als Mahnung das Urteil des Kambyses': Der persische König ließ einen korrupten Richter häuten und aus dem Leder einen Stuhl anfertigen, auf dem der Sohn gerecht richten sollte – im Sinne der damaligen Gesetze und des Kaisers.

Große Prozesse wurden auf Bodelschwingh geführt, etwa gegen Herzog Heinrich von Bayern 1427. Das Urteil einer Verhandlung wurde lange Zeit unter dem „Hagedorn" gesprochen, einem alten Weißdorn, der erst 1901 einem Sturm zum Opfer fiel. Der Galgen für die Verurteilten stand jedoch nicht unmittelbar vor dem Schloss, sondern etwas weiter im heutigen Stadtteil Nette.

Der Familienfriedhof im angrenzenden Wald.

HISTORISCHES HERRENHAUS MIT HEIMAT IM HERZEN

Haus Dellwig wurde lange von Adeligen, dann von Kohlebaronen bewohnt. Heute widmet man sich hier der Heimatgeschichte

Wenn man im Kaminzimmer im Untergeschoss des Hauses Dellwig steht, atmet man Geschichte. Allerdings ist diese Geschichte zunächst nicht ganz so alt und schwer, wie man vermuten könnte. Denn hier sieht's im Prinzip so aus, wie man sich ein Herrenhaus in den 1970ern vorgestellt hat. Mit damals modernen Ledersesseln, mit rustikalem Tresen, halt ein wenig so, wie die Veba das Haus seinerzeit an die Stadt Dortmund übergab. Der Adel, der damals hier residierte, war Kohleadel, die Wasserburg gehörte fast das ganze 20. Jahrhundert über zur Gelsenkirchener Bergwerks-AG (GBAG), die später von der Veba gekauft wurde. Man kann sich bildhaft vorstellen, wie einst Veba-Vorstand Rudolf von Benningsen-Foerder hier mit Bundespräsident Walter Scheel eine Zigarre paffte und über die Geschicke der Zeit redete, versteckt hinter Zäunen, die das Gelände säumten, bewacht von Polizisten, denn dort draußen im Land trieb ja die RAF ihr tödliches Spiel.

Der Mann, der heute im Haus Dellwig wohnt, heißt Heinz-Georg Hücker (61), ist Landwirt und hat das schmucke Haus von der Stadt Dortmund gepachtet, so wie es 1978 schon sein Vater Franz getan hat. Die Hückers bewohnen die obere Etage – und erhalten den unteren Teil des Hauses, das insgesamt nicht frei zugänglich ist. „Zu Bergbauzeiten hingen hier alte Vorderlader, Armbrüste und Jagdtrophäen", erzählt Hücker. Denn die Kohlebarone gingen gern zur Jagd. Die Geweihe manches

HAUS DELLWIG

Anschrift: Dellwiger Str. 130, Dortmund
Parkplatz: kostenlos vor dem Haus
Haltestelle: Haus Dellwig, Linie 470
Begehbar: Haus wird privat genutzt, Museum nicht barrierefrei
Besonderes: viele Veranstaltungen des Museums, www.museum-luedo.de
Einkehr: „Café Kuhstall" gleich im Heimatmuseum

Antje Steber vom Heimatmuseum Lütgendortmund e.V. (l.) und Pächter Heinz-Georg Hücker.

Am Besprechungstisch konferierten einst Kohlebarone. Fotos: Ralf Rottmann

Zwölfenders hängen hier noch immer an den Wänden.

Was heute als repräsentativer Barockbau zu sehen ist, stammt aus der Zeit um 1658, doch lange vorher stand an dieser Stelle eine Burg. Im 13. Jahrhundert lebte das Adelsgeschlecht von Dellwig darauf – leider sind aus dieser Zeit nur die Keller erhalten geblieben, man weiß nicht, wie die alte Burg ausgesehen hat.

Als die Veba 1977 das Haus und Gut Dellwig zum Verkauf für 15 Millionen D-Mark anbot, war unter anderem Springreiter Paul Schockemöhle daran interessiert – und wer weiß, vielleicht hätte Lütgendortmund auf diese Weise ein eigenes Reiterparadies erhalten.

Doch für die Bevölkerung war es ein Glücksfall, dass die Stadt an Hücker verpachtete, der einen Teil des

Malerischer Anblick: Haus Dellwig kann nur über eine Brücke erreicht werden.

Landes bewirtschaftet. Der andere Teil wurde zum Naherholungsgebiet. „Sie können hier eine ganze Stunde lang herumlaufen – und kreuzen dabei nur eine einzige Straße", erzählt Heinz-Georg Hücker. Was sich im Anschluss entwickelte: 1988 fand sich eine Schar von geschichtsinteressierten Bürgern zusammen, um das Heimatmuseum Lütgendortmund zu gründen, das heute im landwirtschaftlichen Hofgebäude untergebracht ist. Heinz-Georg Hücker gehörte zu den Gründungsmitgliedern, die sich um den Ratsherrn Heinz Jander zusammengefunden hatten – das Museum hatte zunächst nur 80 Quadratmeter. „Ursprünglich ist unser Heimatmuseum aus einer Schnapsidee entstanden. Ein Dorfschmied musste damals seine Schmiede schließen – und fragte: Wo soll denn mein altes Werkzeug hin?" erzählt Antje Steber vom Heimatmuseum Lütgendortmund. Man beginnt mit einem Blick in die historische Landarbeiterwohnung, mit rustikaler Küche und guter Stube, in der neben plüschigen Sesseln auch ein schwarzes

Brautkleid ausgestellt ist, das davon zeugt, dass die Normalsterblichen bis zum Beginn des 20. Jahrhunderts keineswegs in Weiß heirateten.

Heute kann man hier ein authentisches Bild des Lebens in Dortmund vor 100 Jahren und davor erhalten. So findet sich ein Friseurstuhl nebst Ondulierstäben, Lockenwickler-Erhitzer und einer einfachen Zahnarztausrüstung, denn früher zog der Barbier ja noch die Zähne. Wer sehen will, wie eine Hausschlachtung funktionierte, findet Messer, Beile, Bolzenschuss-Gerät und Fleischwolf – nur das Schlachtvieh fehlt.

Ein anderer Teil des Heimatmuseums widmet sich der Landwirtschaft: Hier ist eine Reihe historischer Pflüge ausgestellt, die deutlich machen, wie mühsam das Bestellen des Ackers seinerzeit gewesen sein muss. Es gibt Pferdegeschirr und Halfter, eine Buttermaschine – und einen historischen Traktor.

Bewirtschaftet wird das Heimatmuseum zudem, denn im „Café Kuhstall", das seinen Namen wegen der damaligen Nutzung des Gebäudeteils trägt, hat der Heimatverein eine Gaststätte eingerichtet. Und natürlich trinkt man hier noch echtes Dortmunder Bier, wenn man Glück hat sogar „Dellwig Gold", das von Vereinsmitglied Klaus Schäfer im Museum selbst gebraut wird, ein trübes, dunkles Bier, weil es eben nicht gefiltert ist.

Doch noch einmal zurück zu den Kohlebaronen: Auch sie verhielten sich mitunter ritterlich. Als 1945 der Dortmunder Nazi-Gauleiter Albert Hoffmann dem Polizeichef befahl, 30.000 Zwangsarbeiter und Kriegsgefangene auf die untersten Sohlen der Zechen Gottessegen und Hansemann zu bringen, um sie dort einzumauern oder durch Abschalten der Pumpen ertrinken zu lassen, lehnte GBAG-Chef Werner Haack ab, sich an solch einer Gräueltat zu beteiligen. Sein Arbeitssitz: Haus Dellwig.

KAISERLICHE AUSSICHTEN

Ein Besuch der Hohensyburg in Dortmund ist wie eine Reise durch die Geschichte. Es gibt viel mehr zu sehen als die Ruine

Was für eine Aussicht! Denkt der Besucher, wenn er heute durch die Fenster der Syburg im Dortmunder Süden schaut. Was für eine Weitsicht, werden wohl die Menschen gedacht haben, als die Burg noch keine Ruine war. Der Ausblick galt weniger dem seelischen Frieden und mehr dazu, den Feind möglichst früh zu erspähen. Doch selbst die strategisch beste Lage schützt nicht vor Eroberung ...

Als die Syburg auf dem Syberg noch Sigiburg genannt wurde, bekämpften sich dort die Sachsen mit den Franken, die um 775 die Burg eroberten, unter dem König Karl. Besser bekannt mit seinem Kaisernamen: Karl der Große. Damals standen oberhalb des Ruhrtals Wallburgen. „Sie wurden aus Holz und Erde erbaut", sagt die Stadtführerin Gudrun Simon von „Dortmund to go!".

Erst im 12. Jahrhundert wurden sie ersetzt, durch eine Burg aus Ruhrsandstein. Die Herren von Syberg, die den Kölner Erzbischöfen unterstanden, ließen sich hier nieder. Aber auch für sie galt, dass der gute Standort sie nicht nur schützte, sondern Begehrlichkeiten weckte. Einer der Grafen von der Mark zerstörte 1287 bei der Eroberung einen Teil der Burg. Nach und nach verfiel sie. Bereits im 17. Jahrhundert war sie eine Ruine. Und doch blieb die Anhöhe mit ihrer Aussicht ein anziehender Ort. Zuletzt eröffnete dort 1985 die Spielbank Hohensyburg.

Die Lenne und die Ruhr flossen schon zu Zeiten der ersten Burgherren

HOHENSYBURG

Anschrift: Hohensyburgstr., Dortmund
Parkplatz: vor der Spielbank, ab 13 Uhr allerdings kostenpflichtig
Haltestelle: Syburg
Begehbar: zu jeder Zeit, kein Eintritt
Besonderes: Kaiser-Wilhelm-Denkmal, Vincke-Turm, Spielbank. Naturbühne Hohensyburg (www.naturbuehne.de)
Einkehr: mehrere Lokale an der Straße

Stadtführerin Gudrun Simon von „Dortmund to go!" steht in der Ruine. Die verfallenen Mauern geben den Blick frei auf den Vincke-Turm von 1857.

im Tal zusammen. Aber das viele Grün, das den Betrachter heute begeistert, war damals noch nicht durchschnitten von der A1. Und auch den Hengsteysee mit dem denkmalgeschützten Pumpspeicherkraftwerk „Koepchenwerk" in Herdecke konnten die Burgherren von der Anhöhe nicht mal erahnen. Es handelt sich zwar um den ältesten der sechs Ruhrstauseen, aber auch der wurde erst 1929 fertiggestellt.

Nicht nur um den See kann man spazieren, in der Gegend gibt es gleich mehrere Wanderwege. Wer zur Burg möchte, kann vom Parkplatz aus die Treppen hinauf nehmen, direkt neben dem Eingang der Spielbank. Stadtführerin Gudrun Simon empfiehlt jedoch den Weg weiter unten vom Parkplatz aus, an der Hohensyburgstraße entlang. Der ist nur ein paar Minuten länger, „dafür aber mit einem größeren Wow-Effekt." (Wenn Sie vom Parkplatz aus einen Blick auf den wiederentdeckten Brunnen des einstigen Schultenhofs aus dem 11. Jahrhundert werfen können, sind Sie schon zu weit Richtung Spielbank gelaufen.)

Wer also den kleinen Bogen hinaufsteigt und sich rechts hält, stößt als ers-

Von der Ruine Syburg kann man weit über das Ruhrtal blicken. Ein wuchtiges Kriegerdenkmal erinnert an die gefallenen Soldaten des Ersten und Zweiten Weltkriegs. Fotos: Ralf Rottmann

tes auf das Kaiser-Wilhelm-Denkmal. Mächtig thront es auf der Anhöhe. 1902 wurde es enthüllt, zu Ehren Kaiser Wilhelms I. (1797–1888). Ein überdimensioniertes Reiterstandbild zeigt ihn. Flankiert wird er von zwei weiteren Bronzestandbildern: Sie verkörpern den Reichskanzler Otto Graf von Bismarck und den preußischen Generalfeldmarschall Graf von Moltke. Ursprünglich waren sie nicht zu dritt, sondern zu fünft. Doch die Standbilder von Kronprinz Friedrich Wilhelm und Prinz Friedrich Karl mussten weichen, als ab 1935 das Denkmal umgebaut wurde. „Vermutlich wollte man die Alleinherrschaft von Kaiser Wilhelm betonen", so Gudrun Simon. Alte Bilder zeigen weitere Türme, neugotisch reich verziert. Doch unter der Naziherrschaft wurden auch sie weggenommen. „Alles wurde glatt gemacht", so die 56-Jährige, damit es dem klassizistisch geprägten Baustil des Nationalsozialismus' entsprach. Zudem wurden die Lebensdaten von Kaiser Wilhelm I. durch das Datum der Reichsgründung ersetzt: 18. Januar 1871.

Abends ist das festungsgleiche Denkmal beleuchtet. Wobei davon vor allem die Hagener etwas haben. „Den Dortmundern dreht Kaiser Wilhelm den Rücken zu", sagt Gudrun Simon schmunzelnd.

Bevor man sich die Ruine anschaut, lohnt es sich, bis zum äußersten Eck der Plattform zu gehen. Von dort hat man den besten Blick auf den Hengsteysee. Man geht zurück, bleibt auf der Anhöhe und stößt auf einen Turm, den Vincke-Turm. Er wurde 1857 auf dem höchsten Punkt des Sybergs gebaut, zu Ehren von Ludwig Freiherr von Vincke. Er war der erste Oberpräsident der 1815 gebildeten preußischen Provinz Westfalen. Und weil er mit Eleonore von Syberg aus dem Haus Busch bei Hagen verheiratet war, gehörte ihm auch die Syburg. Aber bereits damals war sie ja schon eine Ruine.

Das Kaiser-Wilhelm-Denkmal ist abends beleuchtet: Das Reiterstandbild steht in unmittelbarer Näh e zur Ruine Syburg.

Gudrun Simon steht mitten in der Anlage, neben dem Denkmal, das an gefallene Soldaten der Weltkriege erinnert. Sie schaut nach oben – und direkt in den Himmel. Die Ruine hat keine Decken mehr. Bei erhaltenen Schlössern verraten jahrhunderte-alte Archive, wie sich das Leben dort einst abspielte. Bei der Syburg könne man vieles nur vermuten, so Simon: „Manchmal möchte ich die Zeit zurückdrehen und Mäuschen spielen: Wie war das damals?"

Wer die Treppen wieder hinabgeht, an der Spielbank vorbei und den Parkplatz überquert, stößt auf die Kirche St. Peter, deren Wurzeln nahezu so alt sind wie die der Burg. Doch von diesem Bau ist mehr überliefert. Der älteste Grabstein stammt aus dem 9. Jahrhundert. Auch eine traurige Geschichte sei belegt, so Gudrun Simon: „1297 brannte Dortmund bis auf drei Steinhäuser ab, weil zum Zeitpunkt des Brandes alle löschfähigen Männer die Wallfahrt nach Syburg unternahmen."

DIE BURG AM SEE: AUSSEN HISTORISCH, INNEN DIGITAL

Die Sparkassen-Akademie NRW ist in die Hörder Burg am Ufer des Phoenixsees in Dortmund eingezogen

Wer sich ein bisschen auskennt in der Industriegeschichte des Ruhrgebiets, kann den Irrtum gut nachvollziehen, dem man weit über die Stadtgrenzen Dortmunds hinaus aufsaß: Die Hörder Burg galt für mehr als 100 Jahre als Gebäude, das sich ein Stahlbaron selbst als Machtsymbol errichtet hatte, eben um die eigene Wichtigkeit zu untermauern. Kein Wunder, schließlich stand sie seit 1840 auf dem Gelände eines Puddel- und Walzwerks, das der Unternehmer Hermann Diedrich Piepenstock hier bauen ließ. Und warum sollte sich so jemand nicht ein Verwaltungsgebäude im Stil des Historismus auf sein 22 Morgen Land umfassendes Gelände stellen? Auch die Thyssens und andere Industrielle wohnten ja auf Schlössern. Zudem meinte man zu wissen, dass die alte Hörder Burg 1673 an dieser Stelle vollständig abgebrannt war.

Die Stahlarbeiter gingen ganz selbstverständlich durchs „Burgtor" zur Schicht – und holten freitags an der Hauptkasse im Burgturm ihre Lohntüten ab. „Hier standen dann die Frauen und passten auf, wenn Vater aus dem Werk kam, dass er das Geld nicht in die Kneipe trug", sagt Heimatforscher Willi Garth, was nicht nur in der Bierstadt Dortmund ein Problem dargestellt haben dürfte. Keiner von ihnen wird daran gedacht haben, dass vielleicht einst Ritter in diesem Turm lebten.

Jene Hütte wurde als Phoenix-Ost bekannt und bedeutend. Das Stahlwerk wurde 2001 stillgelegt, nach China transportiert und dort wieder aufgebaut, während man in Hörde das Was-

HÖRDER BURG

Anschrift: Hörder Burgstraße 17, Dortmund
Parkplatz: An der Stiftskirche
Haltestelle: Bahnhof Hörde
Begehbar: nur Außengelände
Besonderes: die Burg stand auf einem Stahlwerksgelände und liegt nun am Ufer des Phoenixsees
Einkehr: mehrere Restaurants direkt am Ufer des Phoenixsees

HÖRDER BURG

Kennen die Geschichte der Hörder Burg: Heimatforscher Willi Garth und Stadtführerin Heike Regener.

ser einließ in jene Kuhle, die wir heute als Phoenixsee kennen.

Zu Stahlzeiten war die Hörder Burg ein rußgraues Gebäude, dessen Schönheit verborgen lag, aber seit Ende 2017 strahlt sie prächtiger denn je, in gedecktem Weiß und Rot, topmodern saniert, mit Hochgeschwindigkeits-Internet und digitalen Schulungs- und Seminarräumen im Inneren. Hier ist Anfang 2017 die Sparkassenakademie Nordrhein-Westfalen eingezogen, entstanden aus der rheinischen und der westfälisch-lippischen Sparkassenakademie. „Wir sind die zentrale Bildungseinrichtung für die Sparkassen in NRW", sagt Jürgen Köhling, Personalleiter der Akademie.

Hinter der Burg erstreckt sich der Phoenixsee, mit Anlegestelle. Man könnte auch auf dem Wasserweg anreisen.

Die Geschichte der Hörder Burg lässt sich heute nicht mehr ohne Willi Garth erzählen. Der Hörder war schon seit 1953, als er hier ein Vorstellungsgespräch hatte, von der Burg beeindruckt, doch es dauerte mehr als vier Jahrzehnte, bis er die Existenz des Gemäuers entscheidend beeinflussen sollte. Er war schon Vorsitzender des Vereins zur Förderung der Heimatpflege Hörde, als sich 2001 an der Burg, die nach Schlie-

Am Ufer des Phoenixsees: Die Hörder Burg strahlt in neuem Glanz. Fotos: Lars Heidrich

Die Seminarräume sind auf der Höhe der Zeit.

ßung des Stahlwerks leerstand, Mauerwerk am Turm löste. Und so wurde ein Stück mittelalterliche Bausubstanz freigelegt, das belegte: Der Turm war 1673 doch nicht abgebrannt – er steht auf alten Mauern, nur andere Gebäudeteile wurden später angebaut.

Wie es hier ursprünglich aussah, lässt sich an mehreren Stellen nachvollziehen: Zwischen Burg und Flussufer sind Teile der alten Mauern und Fundamente in einem kleinen „Freilichtmuseum" zu sehen, hier wurde auch das wertvollste Stück gefunden: „Ein Goldring mit Granatstein, bei dem drei Hände ineinandergreifen. Ein ganz tolles Teil", freut sich Garth. Vor der Burg kann man auf einer Cortenstahl-Skulptur eine Karte der damaligen Burg sehen – und des historischen Hörde. In der Vorburg betreiben die Hörder Heimatpfleger zudem ihr Museum, das den Bogen durch mehr als 800 Jahre Hörder Geschichte spannt.

Hier stehen viele Funde aus der Geschichte verblüffend gleichberechtigt nebeneinander: Von den zurückgelassenen Fertiggerichten der chinesischen Arbeiter, die einst das Stahlwerk abbauten, bis hin zu Abbildungen von Messgewändern, die eine kunstvolle Auferstehungsszene in goldenen Fäden zeigen und im Hintergrund eine Darstellung von Hörde. „Wenn ich eine Führung hier habe, dann frage ich auch schon mal: Wo war die Auferstehung Christi?" Na, in Hörde selbstverständlich!

Wer die Hörder Burg und die Umgebung näher kennenlernen will, ist bei Heike Regener gut aufgehoben. Sie führt rund um die Burg, die während des Akademiebetriebs nicht offen zugänglich ist, und um den Phoenixsee. Sie und Garth leiten kundig durch die Jahrhunderte – von der ersten Erwähnung 1198 über die Stahlära bis ins digitale Zeitalter.

DIE RASTSTÄTTE DER ALTEN KAISER

Als noch hoch zu Ross regiert wurde, nutzten die Könige die Pfalz in Kaiserswerth als Zwischenstation

Eine Frau ist an der Macht? Das kann doch nicht gut gehen, dachten die Herren im 11. Jahrhundert, als Heinrich III. starb und seine Gemahlin Kaiserin Agnes die Zügel in die Hand nahm. Ihr Sohn, der Thronfolger Heinrich IV., war nämlich noch nicht mündig. Solch ein Treiben wollte sich der Kölner Erzbischof Anno nicht länger mit ansehen. Schließlich lockte er den Jungen auf ein Schiff und entführte ihn, um Heinrich IV. in seinem Sinne zu erziehen. Diese skandalöse Geschichte ereignete sich in Kaiserswerth am Rhein.

Dieter Ziob und Alexa Riederer vom Förderverein.

Die Ruine, die im heutigen Düsseldorfer Stadtteil zu sehen ist, war zur damaligen Zeit eine Pfalz. „Das war ein Zwischenhalt der Kaiser und Könige", erläutert Dieter Ziob, der viele Jahre lang dem Förderverein der Kaiserpfalz vorstand und nun Ehrenvorsitzender ist. Allein in der Zeit von etwa 1050 bis 1250 machten 57 Kaiser und Könige an der Pfalz Halt, sagt Dieter Ziob.

Sie residierten nicht wie in späteren Jahrhunderten in einem Schloss. „Sie regierten vom Pferd aus." Dabei reisten sie natürlich nicht alleine. Mit da-

PFALZ KAISERSWERTH

Anschrift: Burgallee, Düsseldorf
Parkplatz: Niederrheinstr./An St. Swidbert (kostenloser Parkplatz)
Haltestelle: Kaiserpfalz/Klemensplatz, die Weiße Flotte hält in Kaiserswerth
Begehbar: Karfreitag bis 31. Oktober, 9-18 Uhr. Führungen auf Anfrage beim Förderverein: Tel. 0211/22973077
Einkehr: Lokale in Kaiserswerth

*Die Stahlskulptur „Im Kontext" von Peter Schwickerath greift die Rundbögen der Pfalz auf.
Fotos: Matthias Graben*

bei waren Soldaten und Theologen, Ärzte und Rechtsgelehrte, Schreiberlinge und Handwerker, Köche und, und, und. „Ein ganzer Hofstaat", sagt Alexa Riederer. Die Kunsthistorikerin ist Vorstandsmitglied des Vereins in Kaiserswerth.

Das altdeutsche Wort „werth" bedeutet „Insel", denn der Ort war früher umgeben von Wasser. „Man kann die Senken noch sehen, wo früher der Rheinarm herführte", sagt Riederer. Im Jahr 700 stand auf der Insel noch ein fränkischer Hof. Der oberste Verwalter des Königs schenkte dem englischen Bischof Swidbert die Insel. Von dort aus sollte er die heidnischen Stämme am Rhein missionieren. Die Gemeinde St. Suitbertus gibt es noch heute.

Heinrich III. baute den Königshof schließlich zur Pfalzanlage aus. Doch erst Kaiser Friedrich I. Barbarossa ließ an dieser Stelle einen imposanten Bau errichten. „Das war eine strategisch günstige Lage", erklärt Ziob. Da war zum einen der Fluss: „Schon damals fuhr hier eine Fähre über den Rhein." Natürlich war das noch keine Autofähre. „Und sie wurde gezogen", so der 79-Jährige. Zum anderen waren wichtige Handelswege nicht weit. „Alle mussten hier vorbei", so Ziob. Barbarossa verlegte daher 1174 den Rheinzoll von der niederländischen Stadt Tiel nach Kaiserswerth, das damals noch Suitbertuswerth hieß.

Allerdings waren die Türme der Pfalz wahrscheinlich nicht so verspielt, wie die Ansicht auf einem alten Stich glauben lässt, so Ziob. Mit Back- und Tuffsteinen sowie Steinen vom Drachenfels bei Bonn wurde der Bau errichtet. „Die Wände waren nicht verputzt." Steine, die im Hof zu einem Quadrat gelegt sind, kennzeichnen die Außenmauer des früheren Bergfrieds. An anderer Stelle sieht die Ruine so aus, als ob ein Turm im Turm stehen würde. „Vermutlich hat man dort Regenwasser gesammelt", sagt Dieter Ziob. Auch eine Kapelle könnte dort mal gestanden haben. Ziemlich sicher ist man sich nach Ausgrabungen, bei denen man Knochen gefunden hat, wo einst die Küche war. Eines der vielen Schilder der Ruine erklärt den Standort. Die Herrscher stiegen schon damals eine geradlinige Treppe hinauf und schauten dabei durch die Fenster hinaus auf den Rhein, bevor sie sich in den Festsaal begaben – direkt über der geheizten Küche. „Es gab ja noch keine Fußbodenheizung", amüsiert sich Dieter Ziob.

Barbarossas Nachfolger verpfändeten die Zollstätte an den Kurfürsten und Erzbischof. Die Kölner verwandelten die ganze Insel in eine Festung. Doch auch sie konnte nicht verhindern, dass die Pfalz im Spanischen Erbfolgekrieg (1701–1714) zerstört wurde.

Ungern denken die Kaiserswerther auch an die Zeit des Nationalsozialismus. Die Hitlerjugend traf sich in der Ruine zu Propagandaveranstaltungen. Ziob verschweigt das bei seinen Führungen nicht: „Es ist nun mal ein Teil der deutschen Geschichte."

Für Heinrich IV. war das Verhältnis zur Kirche seit der Entführung gespalten. Er verweigerte Papst Gregor VII. den Gehorsam, worauf dieser den König mit einem Bann belegte: Er verlor die Herrschaft über sein Reich, die Fürsten stellten sich gegen ihn. Heinrich IV. blieb nichts anderes übrig, als nach Italien zu reiten und beim Papst in der Burg Canossa Reue zu zeigen. Heute ist dieser schwere Weg auch als Redewendung bekannt – als Gang nach Canossa.

Kaiser Barbarossa ließ das Haus am Rhein mit Steinen vom Drachenfels bei Bonn erbauen.

VON DER SICHTBAREN PRACHT UND DEN UNSICHTBAREN DIENERN

Kurfürst Carl Theodor ließ das Schloss Benrath im heutigen Düsseldorf bauen – samt großem Park und geheimen Gängen

Als Kurfürst Carl Theodor vom Spaziergang in seinem Privatgarten ins Sommerschloss zurückkehrt, mag er die Ruhe im hohen Kuppelsaal genossen haben und danach das Mahl im großen, stuckverzierten Vestibül. Doch hinter den Mauern eilt das Gesinde. Wie in einem Bienenstock geht es die geheimen Gänge entlang. Sie sind so schmal, dass man die Arme nicht ausstrecken kann. Treppen rauf und runter. Auch unterirdisch ist der Adelssitz mit der Küche im benachbarten Flügelbau verbunden. Die besten Diener sind unsichtbar …

So hätte es einst im 18. Jahrhundert sein können im Schloss Benrath. Und vielleicht war es auch genau so. Für wenige Stunden lang. Denn der Kurfürst von der Pfalz weilte nicht mal einen ganzen Tag in seiner Sommerresidenz. Seine Frau Elisabeth Auguste ganze zwei Tage.

Als der Architekt Nicolas de Pigage 1771 das Schloss im heutigen Düsseldorf fertiggestellt hatte (Benrath wurde erst 1929 eingemeindet), warteten auf den Kurfürsten neue Aufgaben in München. „In Benrath lebte lediglich der Verwalter, der das Ganze für den Tag X vorhielt", sagt Professor Stefan Schweizer, wissenschaftlicher Vorstand der „Stiftung Schloss und Park Benrath".

So wie sich heute die Wohnungen ähneln – drei Zimmer, Küche, Bad – gab es auch früher eine Norm für den Adelssitz. Wohnzimmer gab es nicht im heutigen Sinne, das Schlafgemach war wichtig und man traf sich ne-

SCHLOSS BENRATH

Anschrift: Benrather Schloßallee, Düsseldorf, Tel. 0211/8921903
Parkplatz: z.B. Urdenbacher Allee
Haltestelle: „Schloss Benrath"
Begehbar: im Rahmen von Führungen, nicht barrierefrei. Der Park ist öffentlich, für Radfahrer nur eingeschränkt. Zwei weitere Museen im Schloss.
Einkehr: Café öffnet Mitte/Ende April

Der Kuppelsaal von Schloss Benrath hat oben eine Öffnung. Zur Zeit der Fotoaufnahme hing moderne Kunst in Violett von der Decke. Fotos: Kai Kitschenberg

Ein Blick aus der Sommerresidenz in den weitläufigen Park.

benan im Gesellschaftsraum. In Benrath lauschte man im prachtvollen Kuppelsaal der Musik, die von oben den Raum erfüllte: Wie beim Pantheon in Rom ist die mit Rosen-Stuck und Fresken verzierte Kuppel geöffnet, allerdings gibt es darüber noch ein Dach. Ein kleines Orchester saß in der oberen Etage im Kreis neben der Kup-

Stefan Schweizer, wissenschaftlicher Vorstand der Schloss-Stiftung.

pelöffnung. Es spielte – und war zugleich unsichtbar.

Im Obergeschoss sind die Decken niedriger. Hier wohnten die Adelsleute, die das Fürstenpaar begleiteten. In den zwei Flügelbauten gab es weitere Räume, auch für die Diener, die zu mehreren Dutzenden anreisten. Heute sind dort zwei Museen untergebracht: ein Naturkundemuseum und ein Museum für Europäische Gartenkunst.

Die Einrichtung im Schloss ist zu einem großen Teil noch erhalten, so der 48-jährige Schweizer. Lediglich Möbel wurden aus der Zeit hinzugekauft. Auch während des Zweiten Weltkrieges wurde das Schloss nur geringfügig beschädigt. Von Weitem wirkt es makellos. Und doch wird das Schloss zurzeit saniert, „mindestens zehn Jahre lang", so Schweizer, „bei laufendem Betrieb". 20 Millionen Euro vom Bund seien bewilligt, Gelder von Stadt und Land kämen hinzu. Die Feuchtigkeit mache dem Bau zu schaffen. Im Unsichtbaren lauert die Gefahr fürs Mauerwerk.

Die Farbe der Fassade bleibt. Sie passt zu den blühenden Magnolienbäumen, die neben dem einstigen Sitz des Hochadels stehen. Genau genommen handelt es sich jedoch um „Pfirsichblütenrosa", sagt der Kunsthistoriker Schweizer. Schon zu Zeiten des Kurfürsten war das die bevorzugte Farbe. Vom Schlossdach blickt die Jagdgöttin Diana. Im Inneren ist sie

Pfirsichblütenrosa war das Schloss Benrath schon zu Zeiten des Kurfürsten Carl Theodor im 18. Jahrhundert.

noch mal in der Kuppel zu sehen, oberhalb der Putten mit Füllhörnern sowie einem toten Eber im Stuck. Benrath war ein Jagdschloss. Dafür ritt man in den Eller Forst. Vermutungen, man habe auch im Park gejagt, seien falsch: „Der Park ist gestaltet wie ein Garten, er besaß Wege, Kanten aus Sandstein, das hätten sie ja mit Jägern zunichtegeritten."

Der Park mit Französischem Garten erstreckt sich bis zum Rhein. Anfang des 19. Jahrhunderts wurde ein Teil im englischen Stil umgewandelt mit geschwungenen Wegen und einer großen Baumvielfalt: „Mammutbaum aus Nordamerika, Scheinzypressen, Akazien ...", zählt Schweizer auf. Über 60 Hektar ist das Gelände groß. In einem Weiher spiegelt sich das Schloss: Das war etwas Besonderes in einer Zeit, in der es noch keine Fotografie gab. „Gärten dienten natürlich der Belustigung. Man kann sich Fräuleins vorstellen, die im Weiher ihre Füße eingetaucht haben. Aber es ist eben auch eine Demonstration von technischen Fähigkeiten." Der Kurfürst zeigte seine Macht über die Natur.

Auf der Höhe des Weihers stand zuvor ein Jagdschloss aus dem 17. Jahrhundert, das der Kurfürst jedoch abriss, weil es baufällig war. Der Gebäudeteil in der Nähe, heute „Orangerie" genannt, stammt noch aus dieser Zeit. Aber schon zuvor, im 13. Jahrhundert, hat auf diesem Gelände eine Burg gestanden.

Erstaunlich, wie sehr Carl Theodor das Schloss auch während seiner Abwesenheit pflegen ließ. „Im Falle des früheren Ablebens des Kurfürsten wäre das Schloss auf die Kurfürstin übertragen worden. Es sollte ihr Alterssitz sein", sagt Schweizer. Das Relief über dem Eingang mit Wappen und Putten, Löwen und Kurhut mache den Plan sichtbar: „Dort sieht man ein kleines Medaillon – es ist ein Porträt von ihr."

EINE RITTERBURG OHNE DOPPELTEN BODEN

Die Burg Altendorf in Essen hatte früher mal fünf Stockwerke. Heute ist sie eine runde Halle mit einer Plattform für eine weite Aussicht

Wenn heute jemand mit einem Schwert in der Hand die moderne Wendeltreppe hinaufgehen würde, hätte er genau das gleiche Problem wie die Angreifer vor Hunderten von Jahren: Er könnte nicht weit genug mit der Klinge ausholen. Schon die früheren Besitzer der Burg bauten die Stufen so ein, dass ein Eindringling mit der rechten Hand zur Wand hochgehen musste. Auch früher waren die Menschen meist Rechtshänder – und so war es für sie nahezu unmöglich, auf der Treppe mit Wucht zuzustoßen, erzählt Dieter Bonnekamp, Geschichtsexperte seiner Heimat.

Ob sich die Stufen nun nach links oder rechts hinaufschlängeln, ist zum Glück nicht mehr so wichtig. Besucher möchten ja nichts mehr erobern, sondern nur noch entdecken. Die Sicht vom ehemaligen Wohnturm der Burg Altendorf reicht nämlich viel weiter als über Burgaltendorf, wie die Gemeinde Altendorf heißt, seitdem sie 1970 ein Stadtteil von Essen wurde – den Stadtteil „Altendorf" gab es da bereits.

Man schaut bis zum Rathaus der Stadt, sieht die Halde Oberscholven in Gelsenkirchen, den Sendemast von Langenberg, das weiße, runde Dach von „Kap Kaminski" – Bochums Sternwarte. Tafeln erklären die Aussicht, während sich die Wolken am Himmel zu einem Unwetter zusammenbrauen und die Fahne der Burg im Wind flattert: Sie zeigt drei Pferdepramen, mit denen man einst wilde Pferde bändigte, indem man ihnen diese Bremsen auf die Nüstern

---

BURG ALTENDORF

Anschrift: Burgstr. 2, Essen
Parkplatz: am Restaurant
Haltestelle: Burgruine
Begehbar: ja, im Sommer, meist Sa/So 15-17 Uhr, nicht barrierefrei
Besonderes: Führungen auf Anfrage beim Verein (Tel. 0201/8575309)
Einkehr: Restaurant neben der Burg, www.burgfreund.de; Tel. 0201/578935

Auf dem Wohnturm weht die rote Fahne mit dem Wappen der früheren Bewohner: der Herren von Altendorf.

drückte. Auf rotem Grund ergeben sie das Wappen der Herren von Altendorf, die im Dienst der Fürstäbtissin standen. Sie waren „Drosten", also Verwaltungschefs, die etwa Jagd-, Weide- und Fischereirechte inne hatten. Sie regelten den Essener Markt, den Zoll und sie hatten laut Bonnekamp auch das Monopol auf die „Grut" – eine Kräutermischung, mit der das Bier gewürzt wurde.

Die Burg Altendorf, die ihren Ursprung im 12. Jahrhundert hat, sieht aus, wie man sich eine richtige Ritterburg vorstellt. Doch einst sah man nicht auf die nackten Steine. „Der Turm war früher weiß verputzt", sagt Bonnekamp. Etwa 16 Jahre lang war er Vorsitzender des Heimat- und Burgvereins, der sich bereits 1950 gegründet hat. Auch nachdem Rolf Siepmann den heute 74-Jährigen abgelöst hat, erzählt Bonnekamp die Geschichte der Burg wie kaum ein Zweiter: „Der Turm ist der bestenhaltene Wohnturm aus romanischer Zeit zwischen Rhein und Weser."

Früher hatte er mal drei Stockwerke, später zur Zeit der Gotik fünf

Dieter Bonnekamp, Geschichtsexperte beim Heimat- und Burgverein Essen-Burgaltendorf.

ESSEN | 59

BURG ALTENDORF

Ein Blick in den hohen romanischen Wohnturm, der früher mal fünf Etagen hatte. Fotos: Kai Kitschenberg

und heute ist er ein Raum, bei dem man den Kopf in den Nacken legen muss, wenn man an die Decke sehen möchte. An den Riegelfenstern mit den Sitznischen kann man die Etagen noch erkennen. Man bräuchte heute allerdings eine Leiter, wenn man dort oben Platz nehmen wollte.

Aber die fehlenden Zwischendecken geben dem hohen Raum auch eine besondere Atmosphäre. Bonnekamp erinnert sich an einen der ersten Kultur-Abende, bei dem eine Autorin im roten, langen Brokatkleid ihre Texte vortrug, während es zu regnen begann. Die Fenster der Burg sind nicht verglast, so besprühten die Tropfen ungehindert die Künstlerin. „Ich habe gedacht, sie würde nicht weitermachen", so Bonnekamp. Im Gegenteil, sie sei hingerissen gewesen von der ungewöhnlichen Stimmung.

Im Mauerwerk kann man noch Reste von Kaminen erkennen. Der große Stein in einer Fensternische hing einst unter der Decke – er war der Abschlussstein des Kreuzrippengewölbes. Und auch den früher weit höher gelegenen Eingang, kann man noch erahnen. Nachdem dieser verlegt wurde, nutzte man die Öffnung für einen Abtritt und ein „Fallrohr", so Bonnekamp.

Das Anwesen war einst komplett von einem Wassergraben umgeben, über den eine Wippbrücke führte. Das Wasser kam aus einer Quelle, die etwa 800 Meter entfernt lag – „Ungefähr auf der Höhe der Herz Jesu Kirche", so Bonnekamp. Über eine hölzerne Leitung wurde die Gräfte mit Wasser gespeist. Regnete es zu stark, floss das überschüssige Wasser zur Ruhr hinab.

Die Burg ging im 14. Jahrhundert nach einer Heirat in die Familie von Vittinghoff-Schell über. Bis 1601 lebten mehrere Generationen dort, bis die Manneslinie ausstarb. Fortan gab es verzwickte Erbschaftsstreitigkeiten, die erst im 18. Jahrhundert gerichtlich beigelegt werden konnten. Die Nachkommen der Familie von Mangelmann und die Familie von Mumm mussten das Erbe untereinander aufteilen. „Mit dem Sekt hatten sie aber nichts zu tun", scherzt Bonnekamp.

Dass der Wohnturm immer wieder verändert wurde, erkennt man auch, wenn man vor ihm steht. Die romanischen Fenster mit ihren Bögen sind zum Beispiel zugemauert. In der Renaissance-Zeit wurde ein sechseckiger Treppenturm angebaut. Auch die Vorburg mit einem Brunnen ist noch gut erhalten, „wo das Gesinde wohnte, wo die Ställe waren." Die Vorburg hatte eine Ringmauer. Bonnekamp: „Sie heißt so, obwohl sie gar nicht rund ist." Wehrtürme stehen an ihren vier Ecken. Wenn man heute allerdings den vierten dieser runden Ecktürme sehen möchte, sollte man etwas Appetit mitbringen. Er ist ein Teil des Restaurants neben der Burg.

WO 1000 JAHRE LANG DIE FRAUEN AN DER MACHT WAREN

Die Geschichte von Schloss Borbeck in Essen ist eng mit dem Damenstift und den Fürstäbtissinnen verknüpft

Blickt man nach Essen-Borbeck, ereilt einen nicht zuerst der Gedanke an ein Zentrum der Macht, an einen Hort von Reichtum. Und doch ist Borbeck für knapp 1000 Jahre genau dies gewesen. Erstmals erwähnt im Jahre 869 als Oberhof des bereits vor 850 von Altfrid, dem späteren Bischof von Hildesheim, gegründeten Damenstifts Essen. „Damals sollten die Frauen hier für ihn und seine Eltern und Geschwister beten. Es waren Jungfrauen, weil man davon überzeugt war, dass das Gebet von jungen Frauen besonders gut von Gott erhört wurde, besser als das von Mönchen", berichtet Birthe Marfording, die die kulturhistorischen Führungen durch das Schloss leitet. „Das Stift Essen ist dann sehr früh sehr reich beschenkt worden und wir waren im Hochmittelalter eins der reichsten Stifte überhaupt. Normale Stifte hatten 1000 Höfe, die abgabenpflichtig waren, wir hatten 90.000. Es war wirklich Großgrundbesitz der damaligen Zeit."

Das Stift war ein religiöser Zusammenschluss von hochadligen Frauen, jedoch darf man es sich nicht als Nonnenkloster vorstellen: Die Stiftsdamen hatten anders als Nonnen keine Gelübde abgelegt, die hier herrschenden Fürstäbtissinnen übten zugleich kirchliche als auch weltliche Macht aus, sie waren Landesherrinnen. Und den ersten Machthöhepunkt erklomm Essen, als Mitte des 10. Jahrhunderts Mathilde, die Enkelin Ottos des Großen, ins Essener Damenstift gegeben wurde. „Damit war Essen in der ersten Liga. Das Faszinierende an dieser

> **SCHLOSS BORBECK**
>
>
>
> **Anschrift:** Schlossstraße 1, Essen
> **Parkplatz:** An der Schlossstraße
> **Haltestelle:** Schloss Borbeck
> **Begehbar:** barrierefrei
> **Besonderes:** Historische Dauerausstellung Di-So 14-18 Uhr, Führung nach Absprache
> Tel. 0201/8844219,
> www.schloss-borbeck.essen.de
> **Einkehr:** „Zur Münze", Tel. 0201/681425

Eingebettet in einen englischen Park liegt das Wasserschloss Borbeck mit seinem Nebengebäude.

Mathilde ist nicht nur ihre Bildung. Sie bringt auch einen enormen Reichtum mit. Nur an Gold trägt sie mehr in das Stift hinein, als der Kölner Dom zur damaligen Zeit besaß", sagt Marfording.

Von einer Burg kann da zwar noch nicht ausgegangen werden, aber von einer abteilichen Residenz. Erst im 14. Jahrhundert wurde nachweislich eine Burg errichtet, auf der die Fürstäbtissinnen herrschten. Die hatten zwischenzeitlich auch das Essener Münster bauen lassen, denn in Essen gab es ja damals keinen Bischof.

Von hier aus übten die Fürstäbtissinnen als hochadelige Herrscherinnen über Jahrhunderte ihre Macht aus: „Und die hiesige Fürstäbtissin durfte den Kaiser mitwählen." Eine ungeheuere Machtposition für Frauen im Mittelalter, fast möchte man von Emanzipation sprechen.

„Diese Emanzipation findet man im Haus ja an allen Ecken und Enden, denn hierhin wurden die jungen Frauen ja nicht abgeschoben. Wer in das Stift hinein konnte, erfuhr das als

Birthe Marfording, Koordinatorin.

Zimmer im Barockstil mit Porträts der Fürstäbtissinnen an der Wand.

eine Ehre. Und für die jungen Frauen war es gleichzeitig ein Heiratsmarkt. Sie waren so reich ausgestattet, dass sie notfalls von den Eltern vorgeschlagene Heiratskandidaten ablehnen konnten. Was in der damaligen Zeit eigentlich unmöglich war. Denn es ging ja nicht um eine Liebesheirat, sondern um politische Entscheidungen."

Allein die Fürstäbtissinnen verzichteten gern darauf, denn sie hatten ein Amt, das man nur ungern abgab. „Wir waren ja ein reichsunmittelbares Stift, das heißt, wir unterstanden nur Kaiser und Papst", sagt Marfording, die auch schon selbst in ein Kostüm der Fürstäbtissin geschlüpft ist.

Zahlreiche Zeugnisse in der historischen Ausstellung im Schloss Borbeck berichten von der politischen Macht der Frauen, so etwa die gefälschte Gründungsurkunde des Stifts, mit der sich die Fürstäbtissinnen rückwirkend Rechte und Privilegien verbrieften, die sie in Wahrheit erst Jahrhunderte nach der Gründung zugesprochen bekamen.

1803 war es in Borbeck dank der Säkularisation vorbei mit der Macht der Fürstäbtissinnen. Preußen ver-

Blick in die Ausstellung: Kelch aus dem Essener Münster, historisches Buch über starke Frauen. Fotos: Lars Heidrich

kaufte das Schloss an den Adel, 1826 erwarb Clemens von Fürstenberg das im 18. Jahrhundert im barocken Stil umgebaute Wasserschloss.

Eine Hochzeit erlebte Schloss Borbeck in den 1920er-Jahren, als es zu einem Hotel wurde. „Hinter dem Haus im Park gab es eine Außengastronomie mit 5000 Sitzplätzen. Die Kellner erzählten in der damaligen Zeit, sie hätten an den Wochenenden gerne Rollschuhe an den Füßen gehabt, um die Leute schnellstmöglich bedienen zu können." Kutschfahrten im Park, Wolfs- und Affengehege – es waren auf Schloss Borbeck goldene 20er-Jahre. „Es gab noch nicht den Baldeneysee und den Grugapark. Deshalb war Schloss Borbeck das Erholungsgebiet für die gesamte Umgebung. Die Essener Straßenbahnen setzten Sonderwagen an den Wochenenden ein, um bis zu 10.000 Menschen hierher zu bringen", so Marfording.

Heute sieht man dem Haus von außen noch eine schlichte Pracht an, im Inneren zeugt nach mehreren Kernsanierungen vieles von nüchtern-moderner Eleganz, wie es der aktuellen Nutzung entspricht: Außer der historischen Ausstellung hat das Haus einen ausgezeichneten Konzertsaal für Alte Musik, Kammermusik und Jazz. Geheiratet werden kann standesamtlich, kirchlich und frei. Und wer das feiern will, kann es im Restaurant „Zur Münze", das eine Terrasse zur Gräfte hin hat. Im Nebengebäude, erbaut in den 1840er-Jahren und zurzeit in Sanierung, ist ab Sommer 2019 wieder Folkwangs Musikschule untergebracht. Von einem Ort der Macht wurde Schloss Borbeck so zu einem Ort der Muse.

ERSTKLASSIG ESSEN UND NÄCHTIGEN IM „KRÖTENPFUHL"

Schloss Hugenpoet in Essen gehört zu den Luxushotels des Reviers – und strahlt im Charme von Barock und Neo-Renaissance

Es gibt nicht allzu viele Schlösser im Ruhrgebiet, bei deren Erwähnung sehr viele gleich ein Bild vor Augen haben. Doch Hugenpoet gehört dazu, obwohl es ganz still am Rand von Kettwig liegt. Oder vielleicht gerade deshalb. Denkt man an Hugenpoet, sieht man vor Augen das marmorne Treppenhaus mit dem schwarzweißen Kachelmuster, gemütliche Salons mit ihren Kaminen, Wintergarten, Wassergräben, Schlossgarten. Es spielt weit vorn mit unter den Luxushotels des Landes und steht für gehobene Gastronomie. Dass dies so ist, verdankt es ursprünglich einem Notstand.

Denn nach Ende des Zweiten Weltkriegs hatten die Besitzer, die Familie von Fürstenberg, wie so viele Adelsgeschlechter ein beschädigtes Wasserschloss und hohe Unterhaltskosten. „Nachdem der Krieg vorbei war, befand sich das Schloss in einem schwierigen Zustand. Dann hat man überlegt, was man mit der Immobilie macht. Man hat mit dem befreundeten Hotelier Neumann die neue Nutzung beschlossen", sagt Alexandra Schenk, Direktorin des Schlosshotels. Mit großer Eigeninitiative und Investitionen habe der Pächter das Schloss so weit nach vorne gebracht.

Hugenpoet, was so viel wie „Krötenpfuhl" bedeutet und auf die feuchte Lage an der Kettwiger Ruhraue hinweist, kann auf eine Vergangenheit als Königsgut blicken, die bis ins 8. Jahrhundert zurückreicht. Im Jahr 1314 erhielt der Ritter Vlecke von Hugen-

SCHLOSS HUGENPOET

Anschrift: August-Thyssen-Straße 51, Essen
Parkplatz: Vor den Schlosstoren
Haltestelle: Essen-Kettwig vor der Brücke
Begehbar: Außengelände für alle zugänglich, sonst für Gäste
Einkehr: Hugenpöttchen im Schloss (täglich ab 12 durchgehend bis 23 Uhr), Sternerestaurant Laurushaus in der Zehntscheune (Do/Fr ab 18.30, Sa 12-15 und ab 18.30 Uhr)

Der Rote Salon zählt zu den guten Stuben mit Kronleuchter, Stofftapeten und darauf abgestimmten Vorhängen. Fotos: Fabian Strauch

Das marmorne Treppenhaus mit den Schachbrett-Fliesen bildet das Entree zum Hotelbereich.

poet den Hof als Lehen, er erweiterte ihn später. Im Jahr 1509 bauten die Hugenpoets dann eine Burg, die 1633 zerstört wurde. Bis 1696 errichtete die Familie von Nesselrode zu Hugenpoet das Schloss neu und zog ein, wovon die Jahreszahl auf dem Marmorportal in der Lobby zeugt.

„Es ist überliefert, dass es ursprünglich ein Portal für eine Kirche war. In Ratingen gab es einen Marmorbruch, der irgendwann erschöpft war. Der Stein reichte nicht mehr für die Kirche. Dann hat Erasmus von Nesselrode das Portal erworben. Es diente früher dazu, den öffentlichen Bereich von den Privaträumen zu trennen", so Alexandra Schenk. Das Portal steht seit 1696 an derselben Stelle und markiert heute den Zugang zum Treppenhaus, das zu den Hotelzimmern führt.

Alexandra Schenk, Direktorin des Schlosshotels.

Der Eingang zum Herrenhaus und Hotel Schloss Hugenpoet.

Derzeit bietet Hugenpoet 36 Zimmer. Ein Blick in die „Peter Ustinov Suite" mit ihrer stilvollen Einrichtung, separatem Schlaf- und Wohn-/Arbeitszimmer, mehr als vier Meter hohen Decken und Aussicht in den Schlosspark macht deutlich, dass hier zu wohnen mehr ist als reines Übernachten. „Jedes der Hotelzimmer ist individuell eingerichtet, keines gleicht dem anderen", sagt Monika Uschkamp, Marketing-Leiterin auf Hugenpoet.

Gastronomisch steht das Schloss heute auf zwei Pfeilern. Im Inneren findet man das früher in der Remise beheimatete „Hugenpöttchen", das täglich im Wintergarten Brasserie-Gerichte der Köchin Erika Bergheim serviert. Bergheim, die 2003 mit ihrem Gourmet-Restaurant „Nero" einen Michelin-Stern erwarb, errang nun wieder einen Michelin-Stern mit dem Gourmet-Restaurant „Laurushaus" in der Zehntscheune des Schlosses, in der im Mittelalter Steuern von den Bauern erhoben wurden. Mit nur zwanzig Sitzplätzen im „Wohnzimmer", zwölf im Wintergarten und einer offen einsehbaren Küche ist klar, dass hier eine kleine Klientel erreicht werden soll. Und für die gibt es zu den Gerichten empfohlene Weine von Sommelière Carla Veenstra: „Es kann sein, dass Frau Veenstra in die Küche geht, sagt: ‚Ich

Blick in die großzügige „Peter-Ustinov-Suite".

habe da einen tollen Wein, habt ihr eine Idee dazu?' Und dann entwickelt Frau Bergheim mit ihrem Sous-Chef ein Gericht", so Monika Uschkamp. Auch spezielle Angebot werden gemacht wie das „Dinner for one – but not alone", das sich an alleinstehende Menschen richtet, die ein Vier-Gänge-Menü nicht alleine essen wollen, sondern sich gern darüber austauschen.

Im Herbst herrscht Hochsaison auf Hugenpoet, wohl auch, weil das Schloss mehrere befeuerbare Kamine mit klassischen Szenen in verschiedenen Räumen hat. Die Geschichten von Kain und Abel, von Lot und der Kampf um Troja sind auf den Renaissancekaminen dargestellt. Ursprünglich stammen diese drei Stücke von Schloss Horst in Gelsenkirchen, die Familie von Fürstenberg brachte sie mit, als sie ihren Wohnsitz 1879 nach Hugenpoet verlegte. Hier kann man zum Kaminfeuer im November und Dezember beim so genannten High-Tea zu Live-Pianoklängen seinen Tee mit Scones, Sandwiches und Petits Fours genießen.

Auf Hugenpoet wird oft die Gastronomie mit einem Event verknüpft, so gibt es auch Veranstaltungen für Weinkenner, für Kinder und natürlich den Nikolausmarkt, der sich von der Vorburg bis in den Park hinein erstreckt.

ZUM MEETING TRIFFT MAN SICH IM AMORE-PAVILLON

Schloss Schellenberg in Essen ist heute ein Bürcpark mit PR-Agentur, Kindergarten und Kochschule. Der Bergbau vertrieb einst die Besitzer

Im „Haus auf'm Berge" lebte einst ein Herr, der schielte. Schon damals sahen die Menschen nicht einfach über eine Eigenart hinweg, sondern nannten den Mann auch noch so: „Der Scheele auf'm Berge". Der Sage nach ist das der Ursprung für den Namen „Schellenberg", den Schloss und Wald in Essen tragen. Und auch die Familie, die dort 1452 bis 1910 lebte, nannte sich so: Vittinghoff, genannt Schell zu Schellenberg. Da sage noch mal einer, der Adel besäße keinen Humor.

Der Mann, der diese Geschichte mit einem Schmunzeln erzählt, trägt selbst ein „von" in seinem Namen. Max Freiherr von Elverfeldt ist mit der Erbin des Schlosses verheiratet – Antoinette Freifrau von Elverfeldt. Der Name Vittinghoff-Schell ging verloren, da bereits in den Generationen zuvor kein männlicher Erbe zur Verfügung stand. Die Blutslinie ist jedoch bis heute ungebrochen.

Als Elverfeldt 2003 über das große, aber leerstehende Anwesen mit 6000 qm Nutzfläche schritt, spürte er die riesige Verantwortung: „Jede Generation hatte ihre Probleme: Kriege, Revolution. Und doch haben sie es geschafft, das Schloss zu erhalten. Ich habe gedacht, das muss mir doch auch gelingen", erinnert sich der 53-Jährige. Ein Hotel? Wohnungen? Aber die Mieter hätten bestimmt gerne Balkone. Schwierig, bei einem denkmalgeschützten Haus. Heute sind in den Räumen Büros für 18 Firmen: eine PR-Agentur und eine Praxis für Psychotherapie, ein Kindergarten und

SCHLOSS SCHELLENBERG

Anschrift: Renteilichtung 1, Essen
Parkplatz: keine öffentlichen Plätze
Haltestelle: Sartoriusstraße
Begehbar: eingeschränkt
Führungen nur auf Anfrage bei der Verwaltung des Büroparks
(Tel. 0201/471071)
Einkehr z.B. nach Waldspaziergang: Kockshusen, Pilgrimsteig 51

SCHLOSS SCHELLENBERG

Max Freiherr von Elverfeldt mit Labrador Hugo vor dem dreistöckigen Wohnhaus im englischen Landhausstil von 1820.

Zum Verlieben schön: Der Amore-Pavillon von 1674.

eine Kochschule. Eine Wohnung ließ die Familie doch noch einrichten und Zimmer für Gäste, die im „Rittersaal" feiern. In dem stuckverzierten Raum aßen im ausgehenden 20. Jahrhundert angehende Polizisten ihr Mittagessen. Der Saal war die Kantine der in diesem Schloss untergebrachten Polizeischule. Das Essen wurde in der benachbarten und damals schon entweihten Kapelle ausgegeben.

Den Anstoß für den Wegzug der Familie Vittinghoff-Schell an den Niederrhein im Jahre 1910 gab der Bergbau: Im Schellenberger Wald setzte man einen Förderschacht der Zeche Gottfried-Wilhelm. Jahrelang prozessierten die Schells dagegen, doch die Industrialisierung konnten auch sie nicht aufhalten. Sie bauten sich am Niederrhein ein zweites Anwesen. Im Haus Kalbeck bei Weeze lebt heute Elverfeldt mit seiner Frau und den vier Töchtern.

Im Schloss Schellenberg war von 1918 bis 1967 ein katholisches Mutter-Kind-Heim. Aber nicht nur die Schloss-Mieter verwischten die historischen Spuren im Inneren. Der Zweite Weltkrieg hatte sie vernichtet. Oder vielmehr die Furcht vor den Bomben. „Als der Krieg ausbrach, hat man alles, was hier noch drin war, rausgeholt und an den Niederrhein gebracht, weil man dachte, hier tobt der Krieg, hier geht alles kaputt", sagt Elverfeldt. Doch die Bomben schlugen nicht ein. Nicht an dieser Stelle im Revier, mitten im Wohngebiet, weit weg von Krupp. Dafür im zweiten An-

ESSEN | 71

SCHLOSS SCHELLENBERG

Der älteste Schlossteil, der einst einen Wassergraben hatte. Fotos: Lars Heidrich

wesen am Niederrhein. „Schloss Schellenberg ist so gut wie gar nicht vom Krieg zerstört worden, während man am Niederrhein alles platt gemacht hat und damit verloren ging, was man aus Schellenberg noch hatte."

Aber das Spannende am Schloss Schellenberg ist sowieso das Äußere. Während andere Burganlagen je nach Mode komplett umgewandelt wurden, baute man hier an. So findet man verschiedene Baustile: Gotik, Renaissance, Barock, Klassizismus ... Der Turm am Eingang, der sehr alt wirkt, ist in Wirklichkeit recht jung: „Das mag man gar nicht glauben, der ist erst um 1880 gebaut worden." In Zeiten des Historismus wollte man die alten Ritterzeiten nachempfinden. Die Burg selbst wurde erstmals im 13. Jahrhundert erwähnt. Damals lebten dort die Herren von Broich aus Mülheim. „In den alten Wehrturm zog man sich zurück, wenn Feinde anrückten", so Elverfeldt. Die Fenster in dem dicken Gemäuer sind alle sehr hoch. „Früher floss Wasser um die Anlage." Den Graben schüttete man aber im 19. Jahrhundert zu. Schließlich sollte das Haus schon lange nicht mehr als Befestigungsanlage dienen, sondern als ein Schloss, in dem die Bewohner residierten.

Die Familie Vittinghoff-Schell hatte das Erbdrostenamt inne. „Eine Art Landrat', erklärt Elverfeldt. Während die Fürstäbtissin im damaligen Essen das geistliche Oberhaupt war, leiteten die Schells die Geschäfte. In der verwinkelten Anlage lebten rund 50 Menschen. „Kinder, unverheiratete Tanten und Onkel. Es gab Mitarbeiter, Personal, Hauslehrer, einen Hausgeistlichen ...". Einzelne Gebäudeteile werden auch heute noch Back- oder Waschhaus genannt. Die Pavillons im Park sind ebenfalls vermietet. Im Amore-Pavillon von 1674, in dem sich die jungen Menschen vielleicht verlobten, ist heute ein Besprechungsraum.

Die Sage von dem Scheelen ist übrigens nicht die einzige Geschichte, die sich um das Schloss rankt. Einer Anekdote nach wollten im Jahr 1848 auch die Menschen in Rellinghausen den Adel bekämpfen, der letztendlich in Deutschland erst 1919 seine Macht verlor. Und so stürmten sie den Berg hinauf. Der Baron, erzählt Elverfeldt schmunzelnd, soll sie beruhigt haben: „Ich gebe ein Fässchen Bier aus und dann sprechen wir! Damit war die Revolution in Rellinghausen beendet."

AUSSEN ALT, INNEN NEU

Burg Lüttinghof ist das älteste erhaltene Bauwerk in Gelsenkirchen

Schon als elfjähriger Junge wollte er die Burg erobern. Aber ein Kettenhund – „so groß wie ein Kalb" – ließ den jungen Karl-Heinz nicht über die Brücke. „Die Kette war so lang. Egal von wo ich es versuchte, man kam nicht drauf", sagt der Mann, den kaum noch einer Karl-Heinz und die meisten Carlo nennen, Carlo Philippi. Heute darf der 62-Jährige das Anwesen betreten. Schließlich ist er der Burgherr.

Genau genommen ist der Landschaftsverband Westfalen-Lippe der Besitzer von Lüttinghof, aber Philippi hat das Anwesen seit rund sechs Jahren gepachtet, nachdem Gastronomen vergeblich ihr Glück versucht hatten. Philippi hat sich gegen ein Restaurant entschieden. Er vermietet lieber die Burg für private und Firmenfeiern, für Trauungen und Seminare. Anfangs hat er auf Lüttinghof zu einem dreitägigen „Kultur-Sommer" geladen. Doch nach dem dritten Mal entschied er sich dagegen, wegen der „Work-Life-Balance". „Das war so viel Arbeit!" Dabei scheut er sie nicht. Mit einem Freund hat er nun noch die Werkstatthalle der ehemaligen Zeche

Carlo Philippi hat das Haus gepachtet.

BURG LÜTTINGHOF

Anschrift: Lüttinghofallee 3-5, Navi: Auf der Kämpe/Altendorfer Straße, GE
Parkplatz: kostenfrei vor der Burg
Haltestelle: Polsum Ehrenmal, Marl
Besonderes: Klassische Konzerte
www.luettinghof.de; Tel. 0209/60435610
Einkehr: Kuchengarten, April bis Oktober
So/Fei 11-18 Uhr, bei gutem Wetter,
Winter: im Kreuzgewölbe

Früher war der Eingang zu Lüttinghof auf der anderen Seite der Burg (r.). Der Kamin heizt den sogenannten Rittersaal ein (o.l.). Vom Rittersaal aus geht es in die moderne Bar. Bei Feiern wird an dieser Stelle auch gerne getanzt. Fotos: Matthias Graben

Rheinpreußen in Moers aufgemöbelt. Ebenfalls für Veranstaltungen.

Aufgewachsen ist Philippi in der Nähe, im Dorf Polsum, das seit 1975 zu Marl zählt. Gearbeitet hat er lange als Führungskraft der BP-Raffinerie Scholven. „600 Meter Luftlinie." Schmunzelnd erzählt Philippi: „Als ich meinem Vater, er ist heute 91, das alles hier gezeigt habe, sagte er: ‚Mein Sohn, ich muss feststellen, du hast es nicht weit gebracht.'"

„Freiherr von Twickel" ist auf dem Sandstein-Wappen über dem Eingang zu lesen. 1729 wurde er mit Lüttinghof belehnt. „Das war das letzte Adelsgeschlecht, das hier aufsaß", erzählt

Philippi Anfang des 14. Jahrhunderts wurde die Burg errichtet. Damit ist sie das älteste erhaltene Bauwerk in Gelsenkirchen. Im Keller, in dem nach dem Zweiten Weltkrieg Kühe und Schweine untergebracht waren, sieht man noch die Ursprünge der Burg: eine 1,20 Meter dicke Wand.

Schützende Mauern brauchten die Bewohner. Denn einige waren sehr kampfeslustig. Einer trieb im 15. Jahrhundert 800 Stück Vieh von Essener Weiden auf die Lüttinghofer Ländereien. Der nächste raubte durchziehende Handelsreisende aus. Im 16. Jahrhundert belagerten allerdings niederländische, protestantische Soldaten die Burg. Bei einer Schlacht starben mehrere Hundert Menschen.

Die Herren von Nesselrode gestalteten das Haus und einen Garten im 18. Jahrhundert um – im Stil des Barock. Der Park, in dem früher noch Skulpturen standen, wurde auf einer Insel in der Gräfte angelegt. Nur eine Brücke gegenüber dem Burgeingang führt hinüber. Der vordere Bereich des Parks ist gemäht – für den nächsten Hochzeitsempfang. Den Rest überlässt Philippi der Natur. Während er das erzählt, läuft wie bestellt ein Eichhörnchen am Tor zur Insel vorbei.

Tritt der Besucher über die Schwelle des Hauses, erstaunt er nicht nur über die großen Fenster, mit denen man einst versuchte, die Burg in ein Schloss zu verwandeln. Auch eine Ritterrüstung sucht er hier vergebens. Man kann es einerseits schade finden, dass in der Burg kein Originalmöbel zu finden ist. Andererseits zeichnet dies die Burg gerade aus. Hier hängt kein alter Wandteppich, in dem sich der Staub fängt. Kein hölzernes Wagenrad mit Kerzen. Die Einrichtung ist zurückgenommen, weiß, modern. Und dieser Kontrast zwischen Alt und Neu macht Lüttinghof so besonders. Damit sich das Ganze auch vermarkten lässt, nennt Philippi das Haus: „Lüttinghof, die Burg im Wasser".

Bedauerlich ist allerdings, dass der Kamin im sogenannten Rittersaal nicht nur makellos neu aussieht. Er ist es auch. Obwohl dort die Jahreszahl 1688 zu lesen ist. Der letzte Freiherr von Twickel habe den Originalkamin mitgenommen, als er die Burg in den 1970ern verkaufte, so Philippi. Der heutige Sandstein-Kamin sei nur ein Abdruck des Originals. Trotzdem freut sich Philippi über das Prachtstück mit all seinen Putten. „Der Kamin ist voll funktionsfähig, so etwas haben nur wenige Burgen."

Eine Vorburg hatte Lüttinghof einst auch, aber die verfiel. Und so setzte man 1991 an die gleiche Stelle einen modernen Backsteinbau, in dem heute Firmen angesiedelt sind. Philippi hat dort auch ein Büro für seine Coaching-Firma, mit Blick durch große Fenster auf die Gräfte.

Das Häuschen, von dem aus der Hund das Anwesen einst überwachte, steht noch. Aber heute kläfft dort kein Kettenhund mehr. In einer neuen Holzhütte dahinter backen sonntags Studenten Waffeln. Vor der Burg hat Philippi einen Kuchengarten eingerichtet. Eigentlich hätte er gerne noch mehr von den selbst gezimmerten Holzbänken aufgestellt. Aber mehr Platz blieb ihm nicht. Auf der Wiese steht ein Denkmal. Ein neuer Gast wird lange danach suchen. Er muss schon mit den Fußspitzen das Moos abreiben, um es zu erkennen: Im Boden ist der Grundriss der alten gotischen Kapelle mit Steinen nachgelegt. Die Grundmauern stammen mindestens aus dem 16. Jahrhundert. Die Kapelle stand hier noch bis 1974.

MODERN ÜBERNACHTEN, KLASSISCH FLANIEREN

Das Gelsenkirchener Schloss Berge vermählt ein historisches Äußeres mit moderner Gastronomie

Den Berger See und seine Umgebung in Gelsenkirchen-Buer kann man heute schlecht noch als Geheimtipp verkaufen, dafür ist es als Naherholungsgebiet zu exponiert im Norden der Stadt gelegen, unweit der Schalker Arena. Und Schloss Berge spielt seit umfassenden Sanierungsarbeiten in den Jahren 2002 bis 2004 als Hotel für den gehobenen Anspruch auch in der ersten Gastro- und Hotel-Liga.

> **SCHLOSS BERGE**
>
>
>
> **Anschrift:** Adenauerallee 103, Gelsenkirchen
> **Parkplatz:** direkt vor dem Schloss
> **Haltestelle:** Schloss Berge
> **Begehbar:** Innenhof frei zugänglich, Gastronomieräume nur für Gäste
> **Besonderes:** acht Säle für Feiern und Tagungen; großer Park
> **Einkehr:** im Restaurant,
> www.schloss-berge.de

Wer genau hier absteigt, darüber äußert sich Geschäftsführer Klaus Geißler freilich nur recht vage, schließlich gilt es, ein gewisses Maß an Diskretion zu wahren. Selbst bei den historischen Übernachtungsgästen, die noch zu Adelszeiten hier untergekommen sein sollen, äußert er leise Zweifel, weder Napoleon noch Marschall Blücher will er bestätigen – klar, er war ja auch nicht persönlich dabei. Aber immerhin so viel verrät der Gastronom über die Jetztzeit: „Wir haben natürlich auch mit Schalke zu tun, hier übernachten ja öfter die Fifa-Schiedsrichter. Verantwortliche oder Mitglieder von Gastvereinen sind auch oft zu Gast", so Geißler.

Über neun Doppelzimmer und zwei Suiten verfügt Schloss Berge, hinzu kommen acht Festsäle und Salons, die klangvolle Namen tragen wie „Graf von Limburg", „Fürstin von Bretzenheim" oder „Styna von Eickel", historische Persönlichkeiten aus der Geschichte von Berge. Letztgenannte Christina „Styna" von Eickel nahm mit ihrem Ehemann, dem Schlossherren, ein tragisches Ende. Sie wurden wegen einer Erbstreitigkeit mit Diet-

Schloss Berge von oben: Das Haus ist vom Wassergraben umschmiegt. Luftbild: Schloss Berge

Die Zimmer entsprechen gehobenen Hotelansprüchen. Foto o. und S. 76: Kai Kitschenberg

richs Bruder Jürgen im Jahr 1478 während einer Schlittenfahrt erschlagen – auf dem Weg zum Gottesdienst.

Zur Zeit dieser Gräueltat blickte Berge jedoch schon auf mehr als 200 Jahre zurück, zum ersten Mal wird es erwähnt 1248 als Burg des Ritters Dietrich von Berge. Die Ursprünge des Gebäudes sind jedoch im Dunkel der Zeitläufe untergegangen. Wann die Zeit der adeligen Herren und Damen auf Schloss Berge jedoch zu Ende ging, lässt sich auf den Tag genau sagen: Am 30. März 1900 ereilte Jenny von Westerholt-Gysenberg ein Herzinfarkt – und danach wurde ein Wirtschaftsbetrieb eingerichtet, den die Stadt Gelsenkirchen von der Erbengemeinschaft pachtete, bis sie 1924 das Schloss kaufte.

Das Wasserschloss zeigt sich heute von außen in einem Baustil mit Einflüssen aus dem Spätbarock und Klassizismus, gepflegt und edel. Doch die Sanierungsarbeiten hatten ihren Preis: Vom historischen Innenleben des Schlosses ist nichts mehr übrig geblieben, alles ist vollkommen auf den Hotel- und Restaurantbetrieb ausgerichtet. Jedoch war auch schon vorher eigentlich nichts in altem Zustand, erzählt Klaus Geißler: „Durch die Jahrhunderte hat ja jeder an diesem Schloss mal herumgebaut. Dadurch ist zum Schluss kaum etwas übrig geblieben. Jeder hat andere Wohnmöglichkeiten gesucht, es waren Fenster oder auch Türen zugemauert. Und dann hat man wirklich wieder auf Null gestellt, gesagt: Alles raus." Und das mit Einver-

Der großzügige Schlosspark (im Bild mit Hochzeitsgesellschaft) von Berge lockt mit seinen fast 75 Hektar viele Gäste. Luftbild: Hans Blossey

ständnis aller Behörden, denn seit 1988 steht Schloss Berge unter Denkmalschutz.

Für einen Gastronomen bedeutet die Bewirtschaftung eines Schlosses immer eine besondere Herausforderung: „Das ist nicht mit anderen Hotels zu vergleichen. Es gibt hier vorgegebene Wege, die Sie nicht verändern können. Wenn Sie heute neu planen, dann heißt das: Kurze Wege, alles nach Gesichtspunkten der Wirtschaftlichkeit. Wenn Sie hier vom Büfett eine Tasse auf die Terrasse bringen, dann haben Sie die Wege. Und die Unterhaltskosten sind ja auch wesentlich höher als bei einem heute gebauten Haus. Das sind Faktoren, die die Wettbewerbsfähigkeit anders gestalten. Die freie Marktwirtschaft nimmt keine Rücksicht auf Schlösser", erzählt Geißler.

Umgekehrt erweist sich wohl aber auch das romantische Äußere als ein echter Vorteil: Auf Schloss Berge wird gern geheiratet und anschließend die Hochzeit gefeiert, sei es in einem der Festsäle oder ganz romantisch vor den Toren des Schlosses im insgesamt fast 75 Hektar großen Schlosspark, der heute im Barockstil gestaltet ist. Auch das Zusammenspiel der Terrasse an den Burggräften oder der Ausblick vom Restaurant in den Park dürfte für viele Gäste schon Grund genug sein, wieder hierher zu kommen.

Seit 13 Jahren betreibt Geißler nun Gastronomie und Hotel auf Schloss Berge – und zwar im 365-Tage-Betrieb, allein am Heiligen Abend bleibt das Restaurant geschlossen, während das Hotel dennoch weiterläuft. Geißler selbst hat das Rentenalter schon erreicht, doch ans Aufhören denkt er schon allein nicht, weil hier 70 Menschen ihre Arbeit gefunden haben, für die er die Verantwortung trägt.

DER RENAISSANCE-PRACHT VON HORST GIBT MAN GERN DAS „JA"

Gelsenkirchen hat sein Standesamt im einst maroden, heute wieder prächtigen Schloss Horst untergebracht

Zu den ernstzunehmenden Regeln des journalistischen Schreibens zählt: Keine Witze über Namen. Das darf man gut und gern beherzigen, bis, ja ..., bis man zu jenem Schloss kommt, das ausgerechnet Horst heißt. Schloss Horst also. Das klingt ein bisschen grobschlächtig. Und wird dem Erscheinungsbild dieses Renaissance-Juwels im Gelsenkirchener Stadtteil Horst nicht gerecht. Denn es zählt eher zu den filigranen, an vielen Stellen geradezu verspielten historischen Bauwerken der Region.

Viele Gelsenkirchener behaupten gar, dass sie hier den schönsten Tag ihres Lebens erlebt hätten. Und bevor jetzt Ihre Gedanken in städtetypische Klischees abdriften: Mit Fußball hat das nichts zu tun! Hier wird geheiratet, das ist doch auch was Schönes! Oder?

Erst recht, wenn man es auf Schloss Horst tun kann: Die moderne Glashalle, die über dem Innenhof errichtet wurde, schmiegt sich harmonisch an die historischen Wände. An diesem Freitagmorgen tummeln sich scharenweise fein gekleidete Hochzeitsgesellschaften in der Halle. Alle nutzen dieses wunderschöne, altersschwache,

Wolf Hoffmann, Vorsitzender des Fördervereins Schloss Horst.

SCHLOSS HORST

Anschrift: Turfstr. 21, Gelsenkirchen
Parkplatz: Am Schloss (Parkscheibe)
Haltestelle: SB36 / 383 Schloss Horst
Begehbar: ja, großteils barrierefrei
Besonderes: Standesamt mit Kamin-Trausälen im Erdgeschoss,
Erlebnis-Museum im Kellergeschoss
Einkehr: Restaurant mit Außengastro
(www.fabbrica-schloss-horst.de)

SCHLOSS HORST

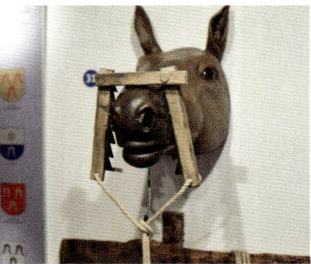

Von außen vereint Schloss Horst heute moderne Bauweise mit dem Stil der Renaissance. Im Keller ist ein Erlebnismuseum untergebracht, das u.a. mit Pferdepramen (o.l.) und Wohnstuben in die Zeit der Erbauung von Horst entführt.

von Stahl gestützte Stück der Westfassade als romantischen Hintergrund für Fotos.

Der Clou: Das historische Mauerwerk ist nach hinten geneigt. Man kennt das ja von berühmten Bauwerken, dem schiefen Turm von Pisa etwa. Hinter dem muss sich „Die schiefe Wand von Horst" kaum verstecken, denn sie ist verspielt im Stil des niederländischen Manierismus gehalten, ein Schmuckstück mit Nischen, in denen ursprünglich die Personifikationen der damals bekannten Planeten standen. Heute steht nur in einer der fünf erhaltenen Nischen der einsame Saturn. Sein Sandstein ist etwas erodiert – angefressen vom sauren Regen in den 70er- und 80er-Jahren.

„1994 sah es hier noch vollkommen anders aus", sagt Wolf Hoffmann. Wir stehen nun eine Etage unter der Glashalle im Keller. Wolf Hoffmann ist ein Mann, mit dem man unbedingt in den Keller gehen sollte. Denn dann führt der Museumspädagoge und Vorsitzende des Fördervereins Schloss Horst einen durch das ebenso spannende wie lehrreiche Erlebnismuseum. Und er scheut keine klaren Worte: „1985 war das hier eine Schrottimmobilie, eigentlich stand hier schon die Abrissbirne." Dann gründete sich der Förderverein rund um Johann Kollner. 1988 erwarb die Stadt Gelsenkirchen Schloss Horst. 1992 begann die Restaurierung. Ein großes Foto von 1994 am Museumseingang zeigt: „Nicht die Bauarbeiter waren die ersten auf der Baustelle, sondern die Archäologen." Am 18. August 1999 wurde Schloss Horst wiedereröffnet, in schöner Harmonie zwischen Sandstein, Glas und Stahl.

Im Keller jedoch darf man abtauchen in die Baugeschichte. Drei Burgen standen hier schon, bevor nach einem Brand das Schloss 1554 von Rutger von der Horst neu erbaut wurde. Rutger führte ein detailliertes Bautagebuch – und lieferte damit die Blaupause für das Museum, das anhand der Handwerksberufe ein plastisches Bild des Lebens in der Renaissance vermittelt. Dazu gehören auch die Wohnstuben einer reichen Familie inklusive Badezuber und einer armen Familie, die zusammen mit ihren Nutztieren in der Stube hauste. Das Schöne am Museum: Man darf anfassen. Nicht nur die Touchscreens. Sondern etwa Holzhammer und Meißel, mit denen man Stein behauen darf. „Es sollte ein Erlebnismuseum werden – das ist uns auch gelungen." Wertvolle Ausstellungsstücke stehen hinter Glas.

Ein zweiter Teil des Museums beschäftigt sich mit dem Pferdefang, die „Emscherbrücher Dickköppe" trabten einst hier. Ein hübscher Animationsfilm klärt auf über den Wirtschaftsfaktor „Pferd" zu dieser Zeit. Dann geht es weiter ins Studierzimmer von Rutger, in dem sich auch Mitbringsel aus aller Welt finden, ein ausgestopfter Papagei oder Stachelschweinborsten. Denn das Interesse an fremden Kontinenten dürfte Rutger getrieben haben. Zwei Globen verdeutlichen das. Auf dem ersten, noch vor Mercator gefertigt, fehlt Amerika. Auf dem zweiten Ball ist der Kontinent dann aber entdeckt.

Wo wir gerade bei Rutger und dem Erdball sind, könnte man ja doch noch mal auf Fußball zu sprechen kommen. Also: Die Wappenfahnen von Rutger waren Blau und Weiß. Seine Frau, Anna von Palandt, trug im Wappen Schwarz-Gelb. Ob das ein Vorzeichen war?

Zurück im Erdgeschoss. Die Hochzeitsgesellschaften sind zu den Feiern aufgebrochen. Zeit, in die Trausäle zu schauen. Denn in ihnen stehen prächtige Kamine, allen voran der „Auferstehungskamin". Er zeigt die Wiederauferstehung der Toten am Tag des Jüngsten Gerichts. „Damals versammelte sich die Familie gern davor und schaute sich die Szenen an, Fernsehen hatten die ja noch nicht", scherzt Hoffmann. Auch heute kann man das genießen, sogar ohne Heirat: Es gibt romantische Führungen durch Schloss Horst, mit Gewandung und Kerzenschein – plus Finale am gemütlichen Kaminfeuer. Und spätestens das ist etwas, das Horst zum Sympathieträger unter den Schlössern macht.

EIN SCHLOSS IN GLADBECKS GRÜNER LUNGE

Inmitten malerischer Gräfte liegt Schloss Wittringen. Vor 100 Jahren ist das Herrenhaus fast im Schlamm versunken, heute strahlt es prächtig

Wenn die Sonne scheint, ist dies hier das Naherholungs-Juwel von Gladbeck – und beileibe kein Geheimtipp, denn an den Wochenenden stehen hier die Parkplätze voll. Das liegt nicht nur am malerisch von Gräften umschmiegten Schloss Wittringen, das unmittelbar ans Haus Wittringen angrenzt, sondern auch am Park. Und während man sich noch fragt: „Ist das nun ein Schloss oder ein Herrenhaus?", wird man erst recht verwirrt sein, wenn man auf die Adresse schielt: Burgstraße. Man hat also die Wahl zwischen Schloss, Herrenhaus und Burg – und tatsächlich ist alles richtig, auch wenn man von der historischen Burg nichts mehr sehen kann.

Und das kommt so: Ganz früher gab es hier die Burg, wehrhaft und stark, errichtet wohl irgendwann zwischen 1263, als hier der Ritter Ludolf von Horst, genannt Wittringen, erstmals erwähnt wurde, und 1347, als dessen Enkel das Bauwerk als Lehen der Grafschaft Kleve andiente. Dort stand sie, bis dann der Dreißigjährige Krieg kam, in dem 1642 hessische Truppen das stolze Bauwerk zerstörten. Wo genau? Man kann es nur erahnen. Vermutlich dort, wo heute die sogenannte Vogelinsel mitten in der Gräfte ruht, einem Gewässer, das es damals freilich noch nicht gab.

Als 1650 der Wiederaufbau begann, machte man sich nicht mehr daran, eine trutzige Wehranlage zu errichten, sondern ein Herrenhaus im Fachwerkstil für die Herren von der Capellen, die hier vor allem eines wollten: woh-

SCHLOSS WITTRINGEN

Anschrift: Burgstraße 64, Gladbeck
Parkplatz: kostenpflichtig vor dem Tor
Haltestelle: Buslinie 188 bis „Stadion"
Begehbar: teils barrierefrei
Besonderes: Museum der Stadt Gladbeck, www.museum-gladbeck.de, (Tel. 02043/23029)
Einkehr: Restaurant „Wasserschloss Wittringen" (Tel. 02043/22323)

Der Giebelsaal des Schlosses. Fotos: Ralf Rottmann

nen. Bis 1922 verfiel es und sackte durch Bergbauschäden bedrohlich ab, so dass die Stadt Gladbeck damals praktisch einen Sanierungsfall kaufte, für 3,75 Millionen inflationsschwache Reichsmark – und ihn prächtig wieder herrichtete. 1928 wurde im Herrenhaus das Heimatmuseum eröffnet.

Christine Schönebeck, die das Haus leitete, berichtet, dass zum historischen Herrenhaus mit seinen gelben Fachwerk-Ausbuchtungen in den 1920er-Jahren gleich noch das eigentliche Schloss errichtet wurde – und zwar gleich mit dem Gedanken, eine Gaststätte dort unterzubringen. Der Gedanke einer Volkserholungsanlage hatte Blüten getrieben. „Und so wurde gleich der Park im englischen Stil angelegt", erzählt Schönebeck.

Volkserholung tat tatsächlich Not, denn als hier 1873 erstmals Kohle gefördert wurde, war Gladbeck noch ein Dorf mit etwa 2800 Einwohnern – und dann begann ein rasantes Wachstum: 1900 waren es 11.000 Einwohner, 1919 sogar 60.000, was Gladbeck Stadtrechte brachte. „Es gab bei der Stadt damals den klaren Willen, etwas für die Arbeiter zu tun", so Schönebeck. Denn wer unter Tage hart arbeitete, sollte sich auch erholen – und körperlich ertüchtigen dürfen. Und so gehörte zur gesamten Freizeitstätte

Christine Schönebeck leitete das Heimatmuseum.

SCHLOSS WITTRINGEN

Ein beeindruckender Fachwerkbau: das Haus Wittringen.

Blick auf den Burghof.

Ein Ort für die Liebe: das Trauzimmer.

auch die Vestische Kampfbahn, die bis heute für Sport und Veranstaltungen genutzt wird. Jenseits eines Teichs liegt ein imposantes Ehrenmal für die Gefallenen der Weltkriege, das von Unkundigen oft der Zeit des Nationalsozialismus zugeordnet wird. „Aber das war schon früher hier", erklärt Christine Schönebeck. Um jegliche Fehldeutung dieses Ehrenmals zu vermeiden, ziert eine Stele mit der historischen Rede von Bundespräsident Richard von Weizsäcker vom 8. Mai 1985 das Mal, darin sprach er erstmals von der Befreiung vom Nationalsozialismus.

Zurück ins Haus Wittringen, in dem ab 1928 der strenge Lehrer und Heimatforscher Ludwig Bette fast alle Kinder Gladbecks Aufsätze über die heimatkundlichen Ausstellungsstücke schreiben ließ, über Herde, Öfen und Alltagsgegenstände, die das bäuerliche Leben idealisierten.

Heute freilich ist das Augenmerk ein bisschen anders: „Migration ist hier ein Hauptthema, was ja nur logisch ist. Schließlich sind fast alle Gladbecker, angesichts des damaligen, rasanten Bevölkerungswachstums, Migranten gewesen", so Schönebeck. In den ersten Jahren des Bergbaus vornehmlich Schlesier, die auch durch Orte wie die Freizeitstätte Wittringen erst die Gelegenheit erhielten, die Zeit außerhalb der Arbeit sinnvoll zu nutzen.

Im Museum werden heute ganz persönliche Geschichten erzählt, auch von Frauen, die aus Schlesien nach Gladbeck geholt wurden, um hier verheiratet zu werden – und ein Auskommen zu haben. Und die Liebe? „Die Liebe kam mit etwas Glück später vielleicht dazu, berichtet eine der Zeitzeuginnen in unserer Ausstellung", so Schönebeck.

Ein Ort für die Liebe jedoch ist heute gleich nebenan zu finden: Das Restaurant Wasserschloss Wittringen mit Trauzimmer und prächtigem Giebelsaal ist eine sehr beliebte Adresse für Hochzeitsfeiern. Und, so spielt das Leben, Mord und Totschlag gibt es ebenfalls: Regelmäßig lädt man hier zum Krimidinner.

ZWISCHEN ROMANTIK UND WOHLIGEM GRUSEL

Schloss Hohenlimburg in Hagen ist noch in Fürstenbesitz, hier heiratet man gern – und fürchtet sich vor der „schwarzen Hand".

Es gibt diese Bauwerke, die schon von ihrer Lage her dominant wirken. Und kein Zweifel: Schloss Hohenlimburg, ursprünglich erbaut im 13. Jahrhundert, thront majestätisch über dem Lennetal. Wer es erreichen will, für den geht's stets bergauf. Nur wenige Höhenburgen sind so gut erhalten wie diese. Bis 1606 war die zugehörige Grafschaft Limburg Teil eines mächtigen Staatengebildes in Westfalen, zu dem Bentheim, Tecklenburg, Steinfurt, Rheda zählten und denen später Häuser wie das Mülheimer Schloss Broich gehörten. Im ausgehenden 16. Jahrhundert ging die Burg im Erbgang an die jetzigen Besitzer, das Fürstenhaus zu Bentheim-Tecklenburg, das geführt wird von Fürst Maximilian und seiner Frau Marissa, geb. Fortescue.

„Das Fürstenpaar wohnt zwar heute auf Schloss Rheda, kommt aber regelmäßig zu Besuch und hat auch noch ein Appartement im Haus", berichtet Rainer Scholz, Führer und Fotograf, der das recht märchenhafte Schloss Hohenlimburg regelmäßig als Kulisse für seine Fotoworkshops nutzt.

Fotogen ist Hohenlimburg allemal, schon durch die Wuchtigkeit, die die Umgebung überragt und eine hervorragende Weitsicht liefert, über den barocken Höhengarten hinweg unter anderem auf die benachbarte Raffenburg, bis zum Kloster Elsey und nach Iserlohn hinüber. Steht man im Burghof, fällt zunächst ein dicker, aber nicht sonderlich hoher Turm auf: Der Bergfried, der nach einem Blitzeinschlag im Jahr 1811 zur Hälfte zerstört wurde.

SCHLOSS HOHENLIMBURG

Anschrift: Alter Schlossweg 30, Hagen
Parkplatz: vor dem Schlosstor
Haltestelle: Am Schlossberg
Begehbar: nur zu Führungen und Veranstaltungen, nicht barrierefrei, www.schloss-hohenlimburg.de
Besonderes: Weihnachtsmarkt im Dezember
Einkehr: für Feiern und Hochzeiten www.restaurant-schloss-hohenlimburg.de

Wuchtig thront Schloss Hohenlimburg über dem Lennetal.
Luftbild: Hans Blossey; übrige Fotos: Matthias Graben

Bei dieser Gelegenheit offenbarte die Hohenlimburg eines ihrer düsteren Geheimnisse: die „schwarze Hand". Tatsächlich fand man in den Mauerresten eine mumifizierte Hand. Scholz erzählt: „Die Dunkelpädagogen sagten: Das war die Hand von einem Edelknaben, der seine Eltern geschlagen hat. Zur Strafe hat man ihm die Hand abgeschlagen. Ein Mumienforscher hat sie aber mal untersucht: Es ist höchstwahrscheinlich die Hand eines erwachsenen Mannes, die sich ungefähr auf das Jahr 1545 datieren lässt, ein mittelalterliches Leibzeichen. Die Gerichtsordnung damals sah vor: Täter und Opfer mussten erscheinen. Bei einem Mordopfer ging das nicht. Deshalb hat man dem Toten ein Körperteil abgetrennt, das stellvertretend für ihn anwesend sein musste."

So einen trefflichen Anlass zum Gruseln nimmt man ja auf vielen Schlössern und Burgen gern. Und ehe wir's vergessen: Auch die Entstehung hängt mit einer Bluttat zusammen. Friedrich von Isenberg, Herr auf der Hattinger Isenburg, tötete im Jahr 1225 bei Gevelsberg den Kölner Erzbischof Engelbert und wurde im Anschluss geächtet und gerädert. Sein Sohn Dietrich I. baute, um einen Teil der Familienmacht zurückzugewinnen, mit seinem Onkel Heinrich IV. von Limburg die Burg.

Rainer Scholz, Schlossführer.

Der rote Salon.

Das Fürstenzimmer.

Wer sich heute von Scholz durch Schloss Hohenlimburg führen lässt, wird wohl vor allem im Fürstensaal verweilen wollen, der mit weißen Delfter Kacheln ausgekleidet ist und an dessen Wänden Gemälde der einstigen Fürstengenerationen hängen. Mindestens ebenso prachtvoll: Der rote Salon, der mit seiner im historischen Dekor gehaltenen roten Tapete und den weißen Türen ein feierliches Ambiente liefert. Beide werden gern für Hochzeitsfeiern genutzt, als Trausaal und für Empfänge. 35 heißbegehrte Trautermine gibt es hier pro Jahr, mit Feier-

möglichkeit im angeschlossenen Lindenhof.

Viele Räume des Schlosses vermitteln durch ihre großzügigen Fluchten einen sehr anschaulichen Eindruck davon, wie es gewesen sein muss, in früheren Zeiten hier durch die Zimmer lustzuwandeln. Und wer sich oben auf den Wehrgang begibt, wird abermals von einer fantastischen Aussicht belohnt.

Das Schloss hat einen recht gut gefüllten Event-Kalender, der auch bürgerlichen Freuden Aufmerksamkeit schenkt: Es gibt ein Oktoberfest, ein eigenes Halloween-Event. Und der Weihnachtmarkt an drei Dezember-Wochenenden ist bis ins tiefe Sauerland beliebt. Nur das Deutsche Kaltwalzmuseum, das bis vor kurzem ein weiterer Magnet im alten Palas des Schlosses war, hat seit 2017 geschlossen.

Zum Schluss unseres Rundgangs enthüllt Rainer Scholz noch einen weiteren Blickfang, der in der historischen Wagen-Remise verborgen ist: Die vier Kanonen, Geschütze aus der Napoleon-Zeit, verrichteten einst ihren Dienst als Schiffskanonen. „Vorsicht, die sind geladen", scherzt der Schlossführer, bewusst ignorierend, dass die Rohre zugeschraubt sind. Tatsächlich dienten sie früher dem Fürstenhaus bei feierlichen Anlässen als Salutkanonen. Doch auch diese Zeiten sind längst vorüber: Unten in Hohenlimburg hat man schon lange keine Kanonenschüsse mehr vernommen.

DAS PATCHWORK-SCHLOSS

Schloss Werdringen in Hagen wurde jahrhundertelang eingerissen und wieder aufgebaut. Auch heute ist es noch nicht fertig, aber sehenswert

Makellos wirkt das Wasserschloss Werdringen. Wer jedoch seinen Blick schweifen lässt, über die alte Fassade, erkennt dort einen Vorsprung, der nicht so recht passen will. Da wurde ein Fenster zugemauert, hier die Mauer aufgefüllt mit kleinen Ruhrsandsteinen zwischen den vielen großen. „Patchwork", nennt das der promovierte Historiker Ralf Blank augenzwinkernd.

Ralf Blank, Historiker.

Bis das Schloss in Hagen-Vorhalle sein heutiges Aussehen im neugotischen Stil bekam, das war 1856, ist es immer wieder eingerissen, aufgebaut, ausgebessert worden. „Das ist typisch für viele kleine Adelssitze in der Region." Aber selbst nach der Fertigstellung wurde noch gewerkelt: So zeigt eine Lithographie von 1857, dass der Turm damals noch kein Dach hatte. Da Astronomie ein beliebter Zeitvertreib war, kann sich Blank gut vorstellen, „dass der Adelige da oben mit einem Teleskop nachts die Sterne angeschaut hat."

Auch die Schlossmauer sei mal doppelt so hoch gewesen. Sie sollte Feinde abwehren. „Die ganzen Höfe rundherum waren relativ schutzlos", so Blank. Eigentlich sei es die Aufgabe der Ade-

SCHLOSS WERDRINGEN

Anschrift: Werdringen 1, Hagen
Haltestelle: J-G-Fichte-Straße
Museum: Tel. 02331/3067266
Begehbar: Museum und Café, andere Gebäude werden renoviert; Museum ist nicht barrierefrei
In der Nähe: z.B. Harkortsee, Geopfad
Einkehr: Schloss-Café, Tel. 02331/7887910
Geöffnet: Mittwoch bis Sonntag

ligen gewesen, den Bauern, die Abgaben zahlen mussten, Schutz zu bieten. „Aber ich denke, wenn da ein Trupp Söldner ankam, war der Adelige froh, dass er hinter seinen Mauern saß", vermutet Blank. Es sei nicht verwunderlich, wenn auf Mittelalterfesten auf dem Wasserschloss Werdringen selten jemand den Bauern spielen möchte.

Doch auch Mauern konnten nicht verhindern, dass das Haus während der Soester Fehde 1446 gebrandschatzt wurde. Danach schützte ein tiefer Wassergraben die Burg, die schon vor 1350 urkundlich erwähnt wurde. Ob die Bewohner aber jemals die Schießscharten zur Abwehr genutzt haben, bezweifelt Blank. Wie sollte man etwa mit einer Armbrust dadurch auf den Feind zielen? „Das waren Belüftungsöffnungen", erklärt der Fachdienstleiter für Wissenschaft, Museen und Archive der Stadt Hagen. Fenster, wie sie heute eingebaut sind, gab es früher nicht. Bleiverglasung kannte man zwar, aber dafür war dieser Kleinadel nicht wohlhabend genug. Scharniere an den Außenwänden deuten auf Holzverschläge. Vielleicht wurden Tierhäute vor die Öffnungen gespannt, die das Innere in ein schummriges Licht tauchten.

Wie es hier im Mittelalter wohl aussah? Oder in der Frühen Neuzeit? Von der Einrichtung ist heute nichts mehr übrig geblieben. Ein Stück Tapete mit Blumenmuster war das Einzige, das man bei der Renovierung noch von der einst adeligen Pracht gefunden hat, bevor das Schloss 2004 Museum für Ur- und Frühgeschichte wurde.

Im Museum steht heute eine Ritterfigur in Kettenhemd und mit einem Schild, der drei rote Blätter trägt, wie einst das Wappen der Herren von Volmarstein. (Deren Burg ist heute noch als Ruine in der Stadt Wetter zu besichtigen). Sie waren die Lehnsherren des Rittergeschlechts Dobbe, die ersten bekannten Bewohner von Werdringen, das im 13. und 14. Jahrhundert noch eine Burg oder ein befestigtes Haus war. Zu dieser Zeit wurden Besitztümer belehnt, also „verliehen". Die Familie Dobbe hatte somit Nutzungsrechte an Werdringen. Doch sie war nicht die Einzige, die im Laufe der Jahrhunderte

Der Ritterschild im Museum zeigt das Wappen.

Der Stufengiebel stammt aus der Mitte des 19. Jahrhunderts. Früher hatte das Wasserschloss Werdringen ein Satteldach. Vom Turm aus konnte man einst direkt in den Himmel schauen. Fotos: Ralf Rottmann

einen Anspruch auf das Haus gelten machen wollte. Der Rechtsstreit ging bis vor das Reichskammergericht. Die Adeligen mussten einen teuren Prozess nach dem nächsten bezahlen. Blank: „Sie haben sich verschuldet, wegen der Kriege, aber auch wegen Familienstreitigkeiten." Das Haus verwahrloste …

Ende des 18. Jahrhunderts wurde Werdringen den Freiherren und späteren Grafen von der Recke-Volmarstein zugesprochen. Nur wenig erinnert heute an den einst hübschen Park, den die Familie errichten ließ. Die Baumallee, die auf die Brücke zuführt, lässt ihn erahnen. In Sichtweite des Adelssitzes ließ Graf Friedrich Wilhelm ein Mausoleum erbauen. Die Familienmitglieder, die dort beigesetzt wurden, fanden jedoch in den 1950ern ihre letzte Ruhe auf einem Friedhof in Hagen.

Der Sohn Graf Otto selbst verließ bereits 1895 Werdringen und zog um in ein Schloss in Schlesien. Werdringen wurde als Bauernhof genutzt. Wo einst die Schweine im Stroh lagen, ist heute das Museum untergebracht. Im ehemaligen Stall sind Knochen längst ausgestorbener Tiere aus der Region und Schwerter aus der Bronzezeit zu bewundern sowie die Rekonstruktion eines Wollhaarmammuts. (Man muss den Kopf in den Nacken legen, wenn man ihm in die Augen schauen möchte.)

So makellos das Schloss Werdringen wirkt, fertig ist es auch heute noch nicht. Ein Schild verweist auf Renovierungsarbeiten. Das alte Herrenhaus soll auch im Inneren erstrahlen und wieder für Veranstaltungen offen stehen. „Da oben gibt es ein wunderschönes Turmzimmer", schwärmt Ralf Blank. Von dort kann man nicht nur die Sterne beobachten. Man habe auch eine sagenhafte Aussicht auf den Harkortsee und den Kaisberg. „Das ist für Verliebte ideal."

DIE GESCHICHTSHÜTER VON BLANKENSTEIN

Als Türmer und Nachtwächter führen sie zur Burg in Hattingen, die eigentlich zu Bochum gehört

Um die Menschen durch Blankenstein, die gleichnamige Burg und in vergangene Zeiten zu führen, schnappt er sich nicht nur die Laterne und seinen Umhang. Der 67-Jährige gibt sich auch einen anderen Namen: Henning Nachtwacht. Dabei wäre sein richtiger Name für die Führung als Nachtwächter auch passend: Henning Sandmann. Freilich sind seine Geschichten alles andere als zum Einschlafen. Schließlich geht es um Mord …

Ein Streit um die Ausbeutung der Untertanen gipfelte 1225 in Verhandlungen in Soest. Doch dort konnten sich die Adeligen nicht mit dem Erzbischof Graf Engelbert einigen. Graf Friedrich von Isenburg fürchtete um seine Einnahmen und ließ Engelbert überfallen, um ihn zu erpressen. Dabei starb der Bischof. Als Mörder wurde der Isenburger öffentlich hingerichtet. Sandmann: „Er wurde in Köln gerädert."

Die Isenburg wurde geschleift und Graf von der Mark ließ ein, zwei Jahre später in der Nähe die Burg Blankenstein errichten. „Um zu verhindern, dass die Isenburger die Burg wieder aufbauen." Von Blankenstein aus konnte er die Ländereien gut kontrollieren. Die Burg wurde neben Altena, Volmarstein und Wetter eine der vier Hauptburgen der Grafschaft Mark.

Ein ohrenbetäubender Ton zerschneidet die gespannte Stille: Andreas Reese pustet in sein Signalhorn. Auch er trägt bei den ehrenamtlichen Führungen der „Bürgergesellschaft Blankenstein" einen anderen Namen:

BURG BLANKENSTEIN

Anschrift: Burgstr. 16, Hattingen
Parkplatz: z.B. Im Tünken
Haltestelle: Burg Blankenstein
Begehbar: Innenhof und Torturm
Besonderes: Führungen kostenlos,
Anmeldung: Bürgergesellschaft Blankenstein, Tel. 0178/ 8233260, www.blankenstein-ruhr.de
Einkehr: Restaurant in der Burg, u.a. Ritteressen, www.burgblankenstein.de

Der eckige Torturm ist der älteste Teil des Anwesens. Von dort schaut der Besucher bis nach Bochum-Stiepel. Fotos: Ralf Rottmann

Eisenhut. Passend zu seiner Kopfbedeckung als Türmer: „Das ist der Vorläufer der Feuerwehr. Er hat in die Ferne geschaut, ob es brennt oder sich Feinde nähern", erklärt der 51-Jährige.

Die beste Sicht hatte er natürlich von einem Turm aus. Von dem Bergfried stehen heute nur noch die Grundmauern. Auch der Graf-Engelbert-Turm musste bereits im 16. Jahrhundert abgebrochen werden. An der Stelle befindet sich nun ein Haus, das an einen Sakralbau erinnert. „Es sieht aus wie eine Kapelle, aber es gibt Zweifel, ob es wirklich eine war", sagt Sandmann. Bleibt also nur noch ein Turm, der eckige, gewaltige Torturm, der älteste Teil der Ruine.

Bis oben auf die Plattform wollen der Nachtwächter und der Türmer an diesem Tag jedoch nicht gehen, jedenfalls nicht mit den langen Stangenwaffen, den Hellebarden. Links hinter dem Eingang zur Burg führt eine Treppe hinauf. Bis 21 Uhr ist der Zutritt täglich möglich – außer im Winter.

Nun, es gibt gepflegtere Türme. Vor Spinnweben und Taubendreck darf man nicht fies sein. Und eine Taschenlampe ist unerlässlich, denn der

In der Burg befindet sich ein Restaurant.

teils schmale Gang ist nicht komplett ausgeleuchtet. Aber dann geht man ganz oben durch die Tür – und wird belohnt. Mit einem wunderschönen Ausblick.

Die Vogelperspektive eröffnet dem Besucher nicht nur die Sicht auf pünktchenkleine Schafe, sondern auch auf flügelschlagende Schwäne, die elegant auf dem Wasser landen. Früher floss die Ruhr viel näher an der Burg vorbei. Aber beim Hochwasser von 1486 suchte sich der Fluss ein neues Bett, etwas entfernt von der Burg. Ein kleiner Seitenarm blieb zurück.

Der echte Türmer wird von der Höhenburg natürlich weniger diese Idylle genossen, dafür mehr den Feind in der Ferne beobachtet haben. Am Hang gegenüber liegt heute Bochum-Stiepel mit der alten Dorfkirche. Wer nicht auf den Torturm steigen mag, kann den Kirchturm auch von der Mauer auf der anderen Seite der Burg erspähen. Und damit blickt er direkt auf den heutigen Eigentümer der Burg: die Stadt Bochum.

Nicht Blankenstein oder Hattingen, zu dem der Ort seit 1970 zählt, sondern die Nachbarstadt hat sich die Burg zu eigen gemacht. Und das kam so: Gustav vom Stein erwarb die Burg 1860 und ließ dort in neuen, burgähnlichen Gebäuden eine Garn-Fabrik errichten. Auch eine Gaststätte gab es auf dem Anwesen, die täglich Tausende Besucher empfing. Steins Nachfahre geriet jedoch in einen Streit mit den Blankensteinern und verkaufte 1922 das Anwesen an Bochum. So schließt sich der Kreis: Graf Engelbert II. hatte 1321 der Stadt Bochum auf der Burg die Stadtrechte verliehen. Sandmann: „Die Stadtoberen von Blankenstein waren natürlich sauer."

Direkt am Fuße des Torturms liegt die „Freiheit". So nannte man einst den Teil des Anwesens, der geschützt hinter dem Befestigungsring lag. Handwerker und Dienstmannen mit besonderen Freiheitsrechten wohnten dort. Kehrte dieses Gesinde abends zu spät zurück, bekam es Torschlusspanik. Reese: „Man kam nicht mehr rein. Und draußen vor den Toren warteten die Räuber, das Gesindel." Noch heute ist die Freiheit schön anzusehen, die sich zu einer Siedlung mit malerischen Fachwerkhäusern entwickelt hat. In einem Gehege grast das Damwild. Wie ein Graben sieht die Wiese dort aus. Von dort wurde ein Teil der Steine für die Burg geborgen.

Es gibt zwei Erklärungen für den Namen der Burg: Zum einen wurde sie aus blanken, also hellem Stein errichtet. Zum anderen stand sie auf einer blanken, also nackten Felsnase, so Sandmann. Blankenstein wurde im 17. Jahrhundert baufällig und teilweise abgerissen. Aber die alten Steine kann man noch heute bewundern: Sie wurden im Ort Blankenstein verbaut – im Haus Kemnade.

BURG BLANKENSTEIN

Vor über 100 Jahren zog Burg Blankenstein Tausende Besucher am Tag an, die historische Postkarten verschickten. Foto: Sammlung P. Grote

Sie zeigen Blankenstein und die gleichnamige Burg: Henning Sandmann (r.) als Nachtwächter und Andreas Reese als Türmer.

DAS HAUS DER VIELEN KAMINE

Ob am Kaminsims oder an der „Kölner Decke" – im Haus Kemnade in Hattingen gibt es viel zu entdecken

Wer das Haus Kemnade besucht, sollte den Kopf in den Nacken legen. Nicht unbedingt vor dem alten Gemäuer, denn es gibt Burgen mit höheren Türmen. Aber im Inneren entgeht dem Besucher einiges, wenn er in den Räumen nicht nach oben schaut. Schon in der Diele bewundert er ovale Holz-Medaillons mit geschnitzten Figuren, die seit etwa

Melanie Richter, stellvertretende Vorsitzende des Fördervereins.

1700 die Decke schmücken. Dagegen sucht man hier das dunkle Holz der tragenden Balken vergebens. Sie sind weiß verputzt und verziert zur schönen „Kölner Decke", wie man sie einst bei den wohlhabenden Menschen in der Stadt am Rhein bestaunte.

Den Namen Kemnade bekam das Haus in Hattingen wegen der vielen Kamine. „Ich habe 24 gezählt", sagt Melanie Richter, stellvertretende Vorsitzende des „Fördervereins Haus Kemnade und Musikinstrumentensammlung Grumbt e. V.". Auch bei den Kaminen sollte man nicht nur zur Feuerstelle schauen, sondern ebenso zum Sims. Dort sieht der Besucher immer wieder ein Rad. Es ist das Wappen der früheren Bewohner,

HAUS KEMNADE

Anschrift: An der Kemnade 10
Parkplatz: vor der Burg in Hattingen
Haltestelle: Haus Kemnade
Begehbar: nicht barrierefrei; Führungen des Fördervereins: Tel. 02324/30368
www.fv-hauskemnade.de; Eintritt frei
Besonderes: Schatzkammer; Bauernhaus-Museum
Einkehr: „Burgstuben Haus Kemnade" (Tel. 02324/93310)

HAUS KEMNADE

Ein Blick von oben: Haus Kemnade mit dem Wassergraben aus der Luft. Fotos: Ingo Otto

der Familie von Syberg. Nach einem Brand 1589 hatte sie den Wiederaufbau des Hauses 1704 abgeschlossen.

„Ich entdecke immer noch etwas Neues", sagt Melanie Richter. Etwa wenn die 75-Jährige die geschnitzte Treppe nimmt, in der wie bei einem Suchbild Gesichter versteckt sind. Die Stufen führen hinauf zum Trauzimmer des Standesamtes. Es ist die ehemalige Kapelle mit einem Kreuzrippengewölbe. „Zuvor war hier eine Küche", erzählt Gerhard Hagenkötter, ebenfalls stellvertretender Vorsitzender des Fördervereins. In einer Ecke ist noch der frühere Ausguss zu erkennen.

Obwohl ein Wassergraben das Haus umgibt, das urkundlich erstmals 1410 erwähnt wurde, war es nie eine wehrhafte Burg. Die Herren von Stiepel durften hier das Recht sprechen und als Patronatsherren auch einen neuen Pfarrer benennen. Die Bewohner waren Lippische Lehnsinhaber, umgeben von der Grafschaft Mark. „Sie waren wie kleine Könige", sagt Richter. „Die Lipper waren weit weg."

Seit 1921 sind Burg und Ländereien im Besitz von Bochum. In den 1990ern stand das Haus zum Verkauf. Doch Bürger wehrten sich gegen die Entscheidung. Aus diesem Protest ging der Förderverein hervor, in dem sich Richter und Hagenkötter seitdem engagieren.

Jahrhunderte zuvor erstritt die früh verwitwete Sophia Philippina Louisa

HAUS KEMNADE

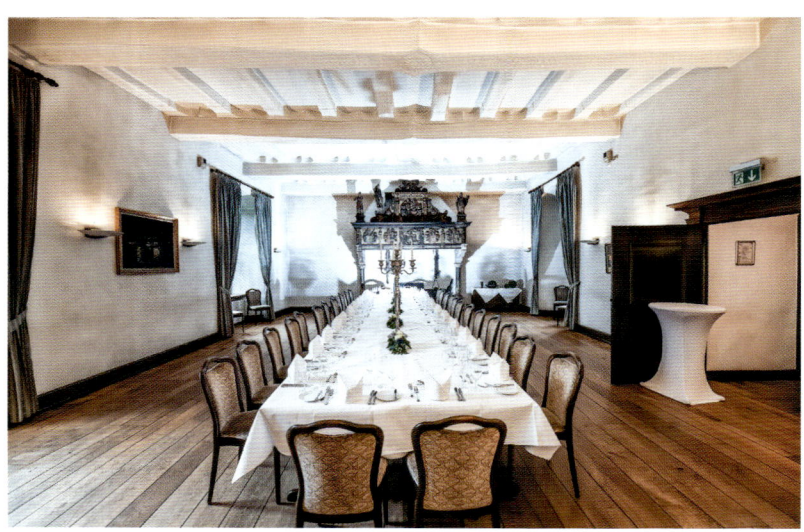

Der Rittersaal im Restaurant mit der „Kölner Decke" (o.), die geschnizte Treppe mit den vielen Gesichtern (u.l.) und die in NRW größte private Musikinstrumenten-Sammlung mit der Gambe.

von Syberg das Erbe ihres noch unmündigen Sohnes. Die Gerichtsherrschaft blieb so in der Familie. Ein Porträt dieser emanzipierten Frau aus dem 18. Jahrhundert hängt an der Wand in der Instrumenten-Schau des Hauses. In einem Glaskasten davor ist eine Gambe ausgestellt, ein historisches Streichinstrument. Laut Hagenkötter gibt es nur noch wenige dieser Art auf der ganzen Welt. Das Ehepaar Hans und Hede Grumbt vermachte der Stadt Bochum rund 1800 Instrumente. Es handelt sich um die größte private Musikinstrumenten-Sammlung in NRW. Aber es gibt im Haus Kemnade noch mehr zu sehen. Das Kulturhistorische Museum zeigt dort immer wieder aktuelle Ausstellungen.

Eine „Schatzkammer", eine Sammlung der Sparkasse Bochum, mit Spardosen und Portemonnaies gibt es auch. Glänzende Augen bekommen Bochumer dort, sobald sie vor der „Bimbo-Box" stehen. 10-Pfennig-Stücke liegen bereit, um die Affenkapelle wie in ihrer Kindheit spielen zu lassen. Da standen sie staunend vor dieser Musikbox im Kortum-Kaufhaus. Die wenigsten dürfte es stören, dass es die Originalbesetzung nicht mehr gibt. So spielt heute nicht ein Affe, sondern ein Teddybär die Gitarre.

In einem weiteren Raum im Haus Kemnade wird die ostasiatische Sammlung von Kurt Ehrich gezeigt, darunter sind japanische Netsuke:

Der farbenfrohe Schöpfungskamin.

kleine geschnitzte Figuren. Auch hier lohnt ein Blick nach oben. Auf die Holzbalken sind schattengleiche Gesichter gemalt. Richter: „Das können Ritter gewesen sein, aber man weiß es nicht genau."

Um einen Blick in den Rittersaal mit dem großen Renaissancekamin zu werfen, geht der Besucher in das Restaurant der Burg. Ein weiterer Kamin im Nebenraum erinnert an den Schöpfungskamin in der Musikinstrumentensammlung. Allerdings ist er hier nicht so farbenfroh. Der Besucher sieht, dass er in Betrieb ist. Beim Schöpfungsbild war die Schlange schon zwischen Adam und Eva zu sehen. Aber auch in diesem Raum, bei der Vertreibung aus dem Paradies, hat sie sich versteckt. Melanie Richter zeigt nach oben zur „Kölner Decke". Auf den verputzten Balken schlängelt sich die Schlange.

DIE PRÄCHTIGE ISENBURG STAND NUR 25 JAHRE LANG

Repräsentationsbau mit geringer Lebensdauer: Schon kurz nach der Errichtung wurde die Hattinger Isenburg geschleift

Sie schien für die Ewigkeit erbaut – und stand doch nur 25 Jahre. Und dann ist die Geschichte der Hattinger Isenburg auch noch verknüpft mit Machtspiel, Mord und Totschlag. „Wir sagen immer dazu: Ungeklärter Kriminalfall des 13. Jahrhunderts", erzählt Jürgen Uphues von der unteren Denkmalbehörde, der zugleich den Verein zur Erhaltung der Isenburg vertritt. Wäre der Fall der Isenburg tatsächlich ein Krimi, könnte Uphues die Kurzversion für den Klappentext liefern. Sie lautet: „Böser Friedrich von Isenberg ermordet heiligen Erzbischof von Köln", sagt Uphues und grinst, bevor er ernster hinzufügt: „Ganz so einfach ist es aber nicht."

Hier die etwas längere Version: Erbaut von Arnold von Altena zwischen 1193 und 1199, wird das „Castrum Ysenberg" im Jahr 1200 erstmals als Landmarke erwähnt. Über der Hattinger Ruhrschleife muss sie damals in weißer Pracht gethront haben, wie der Putz an der Nordseite noch heute beweist. Die Grafen von Altena und ihr späterer Abzweig der Isenberger hatten die Vogteirechte über das Reichsstift Essen. Jedoch stritten sich Arnolds zweiter Sohn, Friedrich von Isenberg, und sein Onkel zweiten Grades, Erzbischof Engelbert I. von Köln, um eben jenes Reichsstift. Und nachdem sie sich auf dem Landtag in Soest Anfang November 1225 abermals entzweit hatten, beschloss Friedrich, wie zur damaligen Zeit durchaus üblich, Erzbischof Engelbert als Geisel zu nehmen, um ihm seinen Willen auf-

ISENBURG

Anschrift: Parkplatz Isenbergstraße, Hattingen, von dort 25 Min. Fußweg
Haltestelle: Buslinie 141, „Isenberg"
Begehbar: Außengelände zu jeder Zeit, die Anlage ist nicht barrierefrei
Besonderes: Museum sonn- und feiertags geöffnet. April bis Oktober: 15-17 Uhr, November bis März: 14-16 Uhr
Einkehr: Erfrischungen im Museum

Das schmucke Haus Custodis von 1858 beherbergt das Museum inmitten des Burggeländes.

zuzwingen. Nun, der Überfall am 7. November 1225 ging für alle Beteiligten ordentlich schief: Engelbert kam ums Leben, Friedrich musste als gesuchter Mörder fliehen und untertauchen.

„Man ahnt: Köln was not amused! Man ist also hier angerückt und die Burg ist im Winter 1225/26 zerstört worden", erzählt Uphues. Friedrich wurde bald darauf gefasst und am 14. November 1226 am Kölner Severinstor hingerichtet durch Flechten auf ein Rad – eine Skulptur auf dem Burggelände zeugt davon.

Natürlich war die Geschichte der Isenburg nicht so geplant: „Es ist eine der größten Burgen Westdeutschlands gewesen, die Wartburg bekommen wir hier nicht ganz in die Unterburg reingestellt", berichtet Uphues. 250 Meter lang war die Anlage, von der man heute fast nur die geschleiften Mauern sieht.

Wer sich heute Bilder von der Isenburg anschaut, denkt reflexartig: „Da ist aber doch diese schicke Mini-

Denkmalpfleger und „Burgherr": Jürgen Uphues.

ISENBURG

Burg." Dabei handelt es sich aber um den Landsitz, den sich der Künstler und Baumeister Max Josef Custodis hier 1858 errichten ließ. Das Haus wird heute als kleines Museum genutzt – und von Jürgen Uphues und seiner Familie bewohnt. Der Denkmalpfleger ist also immer direkt vor Ort.

Als das Haus errichtet wurde, lag die Burg noch im Erdreich verborgen. Das änderte sich erst, als der Lehrer Heinrich Eversberg vom Gymnasium Waldstraße sich entschloss, die Existenz der Isenburg nachzuweisen und eine Schüler-AG zu gründen. Die grub von 1969 bis 1989 in einem aberwitzigen Arbeitsakt die Überreste der Isenburg aus. Statt zum Fußball zu gehen oder Moped zu fahren, rückten diese Schüler jeden Samstag mit den

Kellertreppen und Mauern gehören zur historischen Burg.

So könnte sie ausgesehen haben, die historische Isenburg. Das Modell im Museum ist so übersichtlich, weil nichts hinzugefügt wurde, was man nicht nachweisen konnte.

Von der Burg aus bietet sich ein herrlicher Panoramblick auf das Ruhrtal. Fotos: Kai Kitschenberg

Schaufeln an. Sie erhielten den Spitznamen „Buddel-AG".

Aus dieser AG entwickelte sich ein Verein: „Wir sind seit 1990 als Erhalter der Isenburg unterwegs. Und diese Arbeit ist 2002 mit der Verleihung des Deutschen Preises für Denkmalschutz anerkannt worden", berichtet Uphues, der natürlich selbst zur Buddel-AG gehörte – und den die Isenburg durchs ganze Leben begleitet hat. Die Arbeit hier endet nie. Er selbst hat sich damals wegen der Buddel-AG dazu entschlossen, überhaupt Denkmalpflege zu studieren. Der Wochenablauf: „Ist auch noch ein bisschen wie in Buddel-AG-Zeiten: samstags Arbeit im Gelände, sonntags Museumsdienst. Und Montag bis Freitag gehen wir arbeiten, damit wir uns das hier leisten können." Denn: Steuergelder fließen keine.

Ein Besuch der Isenburg lohnt sich wegen der top-gepflegten Anlage und der fantastischen Aussicht auf die Ruhr. Am Wochenende zudem noch wegen des Museums mit Modellen und Zeichnungen, die vermitteln, wie es hier einst ausgesehen haben mag.

Die Geschichte der Isenberger ging übrigens weiter: Dietrich von Isenberg, Sohn von Friedrich, ließ die Neue Isenburg oberhalb des Baldeneysees errichten. Sie stand ein bisschen länger als die Hattinger Vorläuferin … Aber das ist eine andere Geschichte.

WO DER „TOLLE JOBST" VOM SCHMIED ERSCHLAGEN WURDE

Heute kann man im Schloss die Geschichte Hernes verfolgen und Ausstellungsstücke zur Naturkunde bewundern, darunter Knochen eines Mammuts

Die Menschen in Herne schworen lange Zeit, dass sie in ihrem Schloss Ritterrüstungen gesehen haben. Kein Wunder, schließlich lebten hier einst die Herren von Strünkede, Ritter im Mittelalter. Nur stammten die Rüstungen nicht von ihrer Tafelrunde. Sie zierten das Haus, als die Leute vor dem Zweiten Weltkrieg im Schloss-Restaurant tafelten.

Museumsleiter Oliver Doetzer-Berweger steht vor dem Strünkede-Grabmal.

SCHLOSS STRÜNKEDE

Anschrift: Karl-Brandt-Weg 7, Herne
Parkplatz: am Schlosspark-Eingang
Haltestelle: „Schloss Strünkede", U35
Begehbar: ja, Kapelle nur nach Absprache
Besonderes: das Schloss ist ein Standort des Emschertal-Museums (Tel. 02323/161072)
Einkehr: keine Gastronomie im Wasserschloss; Lokale in der Nähe

Wer sich heute dem Schloss Strünkede nähert, vorbei am Wassergraben, in dem schon mal ein Graureiher auf einem Stein steht, die Brücke überquert, die einst eine Zugbrücke war, unter dem Torbogen hindurchgeht, der das Wappen mit den Löwen der Herren von Strünkede zeigt, und schließlich das heutige Emschertal-Museum betritt, der wird vielleicht die Ritterrüstungen vermissen. Aber er wird wahre Spuren vergangener Zeiten entdecken.

Ein Blick ins „Kaminzimmer": Was heute so ehrfürchtig klingt und für Empfänge der Stadt genauso genutzt wird wie für standesamtliche Trauungen, war einst die Küche. Über dem

SCHLOSS STRÜNKEDE

Das Wasserschloss Strünkede – früher schützten mehrere Gräften vor Eindringlingen.

Feuer wurde damals auch Fleisch gegart. „Das sieht man zum Beispiel an den vielen Wildschweinzähnen, die man gefunden hat", sagt Museumsleiter Oliver Doetzer-Berweger. Neben dem Kamin, der so groß ist, dass selbst ein beleibter Weihnachtsmann nicht stecken bliebe, ist eine kleine hölzerne Tür. Ein Geheimgang? „Es ist tatsächlich der Aufgang, um oben Essen servieren zu können", so Doetzer-Berweger.

Die Herren von Strünkede waren gut betucht. Die Bauern konnten froh sein, wenn ihnen nach den Abgaben genügend Hirsebrei zum Essen blieb. Auch der Bau selbst steht für Wohlstand, in dem es sogar Toiletten gab. In der dicken Wand des 1664 fertiggestellten Hauses ist der Abort eingelassen. Wahrscheinlich handelt es sich um das älteste WC Westfalens. „Für die Zeit war das eine moderne Sanitärausstattung", erklärt der 48-jährige Historiker. Allerdings fielen die Fäkalien in den Wassergraben. Es muss bestialisch gestunken haben. „Ich glaube, die Leute waren es einfach gewohnter, es roch halt generell nicht so gut."

Die Menschen heute können im Schloss die Geschichte Hernes verfolgen. Seit 1938 ist es Museum. Ausstellungsstücke zur Naturkunde sind ebenfalls zu bewundern. Darunter Knochen eines Mammuts.

In der gotischen Kapelle von 1272 – das älteste Gebäude der Stadt – sind Familienmitglieder der Strünkede beigesetzt. Nicht nur, weil sie die Möglichkeit dazu hatten, so der Historiker. Auf dem Friedhof waren sie nicht gern gesehen: „Sie sind in der Reformationszeit nicht nur Lutheraner geworden, wie alle anderen auch", so Doetzer-

SCHLOSS STRÜNKEDE

Das älteste Gebäude der Stadt: die gotische Kapelle von 1272.

Berweger. „Sie sind zum calvinistischen Bekenntnis übergetreten." Noch heute können sich Menschen in der Kapelle das Ja-Wort geben. Allerdings muss das Paar protestantisch sein.

Die Kapelle ist auf einem Gemälde aus dem 18. Jahrhundert im Museum zu sehen. Das Schloss trägt dort noch eine barocke Turmhaube in Zwiebelform. Wenn Zimmerleute heute den Dachstuhl sehen, staunen sie über die Konstruktion: Nicht nur das Schloss steht auf Eichenpfählen, auch das Dach wird von viel Holz getragen. Und doch wich der Turm. Weil ein Blitz einschlug? „Oder man den Windkräften nicht traute".

Zugig und kalt wird es in dem Schloss gewesen sein, so Doetzer-

Auf dem Gemälde (um 1760) ist noch die hohe Turmspitze des Schlosses zu erkennen. Auch stand früher vor der Zugbrücke ein Torhaus. Links: die Kapelle.

Die geschwungene Treppe wurde in den 1950er-Jahren eingebaut. Fotos: Matthias Graben

Berweger. Er hätte ungern zur damaligen Zeit gelebt. Und erst recht nicht, bevor das Haus sein heutiges Aussehen bekam. Zuvor hat an gleicher Stelle eine Wallburg gestanden. Der Name „Strünkede" wurde das erste Mal 1142 schriftlich erwähnt: Wessel Strünkede trat als Zeuge in einem Streit des Stiftes Essen auf.

Die Strünkede führten selbst so manche Fehde in diesem Grenzgebiet zwischen den niederrheinischen und westfälischen Territorien. Mehrere Gräfte – die Wassergräben – schützten sie vor Eindringlingen. Doetzer-Berweger möchte aber nicht, dass die alten Schlossbesitzer, deren Familienlinie im 18. Jahrhundert ausstarb, als wüste Raufbolde verstanden werden.

„Tatsächlich waren die Strünkede in höchsten politischen Ämtern für ihren Clever Landesherren unterwegs – als Diplomat, als Regierungschef."

Einer wurde sogar der „gelehrte Jobst" genannt. Wobei dieser Strünkede wohl nicht studiert hat, aber immerhin lesen und schreiben konnte. Eine Ausnahme bildete der „tolle Jobst", um den sich so manche Geschichte rankt. „Er muss ein schwieriger Typ gewesen sein", sagt Oliver Doetzer-Berweger. „Die soll es ja immer mal wieder geben. Blöd ist nur, wenn sie in politische Verantwortung kommen." Ein Schmied ließ sich dieses Verhalten jedoch nicht gefallen und erschlug seinen Herren, „weil er ihm die Frau ausspannen wollte."

BAROCKE UND SCHLICHTE SCHÖNHEIT IN DER GRÜNEN LUNGE

Naherholung und Kultur treffen auf Therapie im Schloss Herten

Man möchte ja nicht zu salopp formulieren, aber dieses barocke Gemäuer in Herten darf man wohl ein Schloss mit Klinikanschluss nennen. Denn wenn man sich so umschaut an Rhein und Ruhr: Selten liegen Heilung und Erholung so nahe beieinander wie hier an der LWL-Klinik für Psychiatrie und Psychotherapie. Im Schlosshof sitzen die Patienten, unterhalten sich, spazieren in den Park – und kommen ins Gespräch mit Ausflüglern. Ein Konzept, das voll aufgeht. „Wir haben die Stigmatisierung von psychisch Kranken völlig aufgebrochen", sagt Hans-Jürgen Bußmann von der LWL-Klinik Herten. „Es sollte eine Begegnungsstätte zwischen den Patienten und der Bevölkerung werden. Denn das Schloss war lange Zeit der kulturelle Mittelpunkt der Stadt Herten."

Oft ist es das immer noch. Etwa wenn das Klavierfestival Ruhr hier Station macht. Oder als jüngst ein Theaterprojekt der Klinik mit Unterstützung der Ruhrfestspiele in den barocken Sälen „Klein Zaches" nach E.T.A. Hoffmann aufführte.

Aber das Schloss ist mehr: Es hat eine eigene Schloss-Gastronomie und ist wegen des stilvollen Ambientes beliebt für standesamtliche Trauungen.

Der Innenhof des Gemäuers zeigt sich mit seinem Säulengang und den modernen Treppenaufgängen zwar edel, aber schlicht. Einige der Gänge glänzen eher durch Nüchternheit. Bis, ja, bis man dann etwa in den Festsaal kommt, mit detailreichen Stuckarbeiten an den Decken und einem Fresko.

SCHLOSS HERTEN

Anschrift: Im Schlosspark 20, Herten
Parkplatz: vor den Kliniken, kostenpflichtig
Haltestelle: Linie 249, Schloss Herten
Begehbar: bei Veranstaltungen, nicht barrierefrei
Besonderes: Spielort des Klavierfestivals Ruhr und der Ruhrfestspiele
Einkehr: Schloss Gastronomie Herten, Tel. 02366/82112, www.schloss-gastro.de

Die Gräften vor dem Wasserschloss bedürfen eines ausgeklügelten Systems, um den Pegel zu ha'ten.

„Das ist unser Schmuckstück, auch wenn es auf den ersten Blick nicht so aussieht. Dieses Fresko ist extrem wertvoll und wir haben es vor kurzem für 300.000 € restaurieren lassen", berichtet Berthold Vatteroth vom Hertener Denkmalschutz. Dabei war das Schmuckstück lange Zeit vor den Augen verborgen. „Da hat man damals, als das Treppenhaus gebaut worden ist, das Gemälde einfach übertüncht", sagt Vatteroth. Vermutlich war fürs Treppenhaus ebenso wie für das Übermalen des Kunstwerks jener Bauherr verantwortlich, von dem man so viele Spuren an Rhein, Ruhr und im Münsterland findet: Johann Conrad Schlaun.

Es ist übrigens dem Glück zu verdanken, dass das 1376 erstmals urkundlich erwähnte Schloss überhaupt noch steht. Wegen des großen Brandes von 1687 ist nur noch ein kleiner Teil aus dem 14. Jahrhundert erhalten, erst 15 Jahre später begann der Wiederaufbau durch Freiherr Franz von Nesselrode-Reichenstein zum barocken Wasserschloss in seiner heutigen

Hans-Jürgen Bußmann, LWL-Klink Herten.

Engelsfresko mit Stuckrahmen im barocken Festsaal des Schlosses. Fotos: Lars Heidrich

Form. Und fast wäre das Schloss abermals bedroht gewesen. Vernachlässigung und Bergbauschäden haben an dieser Anlage mehr Schäden hinterlassen als zwei Weltkriege.

Die Familie von Droste zu Vischering, die das Schloss 1826 von den Nesselrodes übernommen hatte, gab es nach dem Ersten Weltkrieg auf. Während der Zeit der Ruhrbesetzung 1923 bis 1925 waren französische Truppen darin untergebracht, die ihren Teil dazu beitrugen, das Schloss verkommen zu lassen. Dann: Leerstand, Bergsenkungen. Als 1974 der Landschaftsverband Westfalen-Lippe das Schloss übernahm, war es praktisch eine Ruine, an deren Ostseite auch eine komplette Fassadenwand eingestürzt war. Instandsetzungskosten: 16 Millionen DM. Seit 1986 nutzt die LWL-Klinik die Räumlichkeiten.

Vor den Mauern des Schlosses steht eine kleine, aber prächtige Kapelle, die kurioserweise gar nicht aus Herten stammt: Sie war 1328 am Schloss Grimberg in Gelsenkirchen erbaut worden, das 1908 von der Gelsenkir-

Blick in die barocke Kapelle.

chener Bergbauaktiengesellschaft gekauft wurde. Beim Bau eines Hafens stand die Kapelle im Weg. Doch der Graf Droste-Vischering von Nesselrode erbarmte sich ihrer, ließ sie abtragen und vor seinem Schloss wieder aufbauen. Heute erstrahlt sie im barocken Stil, mit einem Altarbild, auf dem Maria, ihr Kind, Josef und der Hl. Franziskus zu sehen sind.

Weniger Glück angesichts der Widrigkeiten der Zeit hatte die Orangerie im englisch angelegten Schlosspark. Von ihr stehen derzeit noch die stahlträgerverstärkten Außenmauern. Wo einst die Grafen tanzten und zechten, wäre es heute doch recht luftig für einen Ball. Der Förderverein Orangerie Herten hat sich vorgenommen, auch diesen Teil der Schlossanlage in alter Pracht wieder zugänglich zu machen. Ein Anliegen, das den schmucken Schlosspark noch aufwerten dürfte. In ihm finden sich auch viele seltene Bäume. Oder wie Hans-Jürgen Bußmann es beim Rundgang formuliert: „Wir befinden uns in der grünen Lunge von Herten."

EIN HAUS MIT RITTERSAAL OHNE RITTER

Haus Opherdicke in Holzwickede glänzt nun mit einem Skulpturenpark und einer Terrasse, die über dem Wassergraben zu schweben scheint

Was für ein Wintergarten! Wo heute Ausstellungskataloge und Kunstkarten im Museumsshop verkauft werden, saßen einst die Bewohner des Hauses Opherdicke und genossen den Blick in die Ferne. Auch heute noch kann man ihn von dort schweifen lassen, über das grüne Ruhrtal. Betrachtet man jedoch eine Lithografie des Hauses von 1837/40 stutzt man: Dort ist nirgends ein Wintergarten zu sehen.

Die Rückseite des gepflegten, weiß verputzten Hauses in Holzwickede-Opherdicke sieht heute ganz anders aus. Auf der Lithografie gibt es nicht mal einen Balkon. Und wer sich die Mühe macht wie Josef Börste – Archivar beim Kreis Unna – und die Fenster der oberen Reihe zählt, kommt damals auf fünf, heute auf sechs Fenster. Was war geschehen?

Mit detektivischem Eifer studierte Börste alte Baupläne: Nur wenige Jahre, nachdem die Lithografie entstanden war, wurde die Rückseite des Hauses komplett erneuert, auch weil es Wasserschäden gab. Die äußeren Türme wurden mit einem Anbau verbunden, darauf entstand eine Loggia – der spätere Wintergarten. Börste: „Für die Zeit war das ein architektonisches Meisterwerk."

Um die Rückwand zu bauen, musste die Familie von Lilien das Wasser aus der Gräfte schöpfen. Vielleicht mit Eimern? Auf jeden Fall noch nicht mit Pumpen, wie es kürzlich geschehen ist, als das Haus eine Terrasse bekam, die heute quasi über dem

HAUS OPHERDICKE

Anschrift: Dorfstr. 29, Holzwickede
Haltestelle: Haus Opherdicke
Begehbar: Museum, barrierefrei
Besonderes: kammermusikalische Reihe sowie Jazz-Konzerte.
Infos unter Tel. 02303/27-2141
Einkehr: Kultur-Café mit Terrasse über der Gräfte, Schlossstuben nebenan (Tel. 02301/2159)

Wasser schwebt. Dort serviert das Kultur-Café bei schönem Wetter Getränke.

Die Gräfte füllt sich nun wieder mit Regenwasser. Nicht nur Enten sind dort zu sehen. Auch „Sirena" ist ins Wasser gestiegen. „Von der Terrasse aus kann man sie bestaunen", sagt Stefanie Kettler, Leiterin der Stabstelle Kultur des Kreises Unna. Sirena ist eine von 13 Skulpturen des amerikanisch-italienischen Bildhauers Raimondo Puccinelli (1904–1986), die ihre neue Heimat im Park gefunden haben. Die Tochter des Künstlers hat sie dem Kreis Unna geschenkt.

Auch ein Berliner Ehepaar, dessen Vorfahren einst im Haus Opherdicke lebten, wollte den Skulpturenpark mit einer hohen Geldsumme unterstützen. Doch Politiker zögerten zu lange. Das Paar zog daraufhin 2017 das Angebot zurück. Zum Ärger vieler Bür-

Archivar Josef Börste und Stefanie Kettler vc.m Kreis Unna in der „guten Stube".

Das Kultur-Café im Herrenhaus mit der neuen Terrasse, von der der Gast auf die Gräfte blickt.

Das „Bauhaus" (r.) neben dem Herrenhaus ist der älteste Teil des Anwesens.

Der Pavilon im Park war fast verfallen. Nun bekam er sein altes barockes Ansehen wieder.

ger. Sie befürchteten schon, ganz auf den Skulpturenpark verzichten zu müssen. Doch nun hat der Kreis selbst den Aufbau der Kunst bezahlt. Im November 2017 wurde der Skulpturenpark eröffnet.

In das Haus ist schon lange die Kultur eingezogen. In den Räumen mit Stuck und doppelflügeliger Holztür sind Wechselausstellungen zu sehen. Börste erinnert sich noch daran, wie einst der kanadische Sänger Bryan Adams auf dem Anwesen rockte.

Betritt man über die Brücke das Gebäude von 1687, gelangt man links in die „gute Stube", wie Börste den Raum nennt: „Manche sagen dazu ‚Rittersaal', das ist Quatsch." Die Wurzeln des Hauses Oberherdicke gehen zwar bis ins 12. Jahrhundert zurück. Aber ob an gleicher Stelle eine Burg gestanden hat? Börste: „Es hat keine archäologische Untersuchung gegeben." Ritter waren jedenfalls nie in dem Saal. Das mit handgeschnitzten Eichenvertäfelungen verzierte Zimmer ist erst im 19. Jahrhundert entstanden. Aber seitdem blieb es unverändert, erzählt Kettler und nimmt mit Börste in einer Wandnische gegenüber dem gekachelten Kaminofen Platz.

Rechts vom Haupteingang befindet sich der „Spiegelsaal". Auch dieser Name ist nicht ganz korrekt. Früher war hier kein Saal. „Die Räumlichkeiten waren kleinteiliger", so Börste.

Man hat alte Fensterrahmen des Hauses an die Wände des heute für Konzerte und Tagungen genutzten Saals gehängt und Spiegel statt Glas eingesetzt. Die „Fenster" kann man öffnen. Dann sieht man alte Schwarz-Weiß-Fotos des Hauses Opherdicke.

Bevor der Kreis Unna das Haus 1980 übernahm, wurde es als Gutshof genutzt. Der Garten war kaum noch zu erkennen, eine große Reithalle stand dort. Sie wurde mittlerweile neben dem Park neu aufgebaut. Das Anwesen lädt wieder zum Wandeln ein: große Bäume, gerade Wege und im Mauerwerk entdeckt man seltene Farnarten. Ein barocker Pavillon bekam wieder sein altes, schönes Gesicht. Nahezu verfallen war der Bau. Die Museumspädagogik will ihn nutzen, so Kettler.

Das „Bauhaus" von 1738 ist der älteste Teil der unverputzten Wirtschaftsgebäude vor dem Haus Opherdicke: Es war eine Kornkammer, später ein Pferdestall. Aber vielleicht sind Steine des „Gästehauses" noch älter, so Börste. Aber ob dort wirklich Gäste nächtigten? „Der örtliche Lehrer hat hier mal gewohnt", hat Börste herausgefunden. Hinter einer Luke im Park vermutet er ferner einen früheren Eiskeller, in dem Lebensmittel mit Eis aus der Ruhr gekühlt wurden. Steine am Rande des Parks könnten von einer Grotte stammen. Aber wie sie genau aussah? Börste: „Das sind Rätsel, die noch gelöst werden müssen."

Das „Gästehaus", so wird das Gebäude am Parkrand genannt. Fest steht, dass hier mal der örtliche Lehrer gewohnt hat. Fotos: Kai Kitschenberg

WO FÜRSTLICHER GLANZ NOCH GELEBT WIRD

Die Wasserburg Anholt ist ein strahlendes Barockschloss und opulentes privates Kunstmuseum – inklusive echtem Rembrandt

Es ist ja nicht sonderlich schwierig, von barocker Pracht und Opulenz zu schwärmen, wenn man an einige der Schlösser und Burgen in unserer Region denkt. Doch um wirklich zu erfassen, wie überbordend Glanz und Luxus jener Zeit gewesen sein müssen, ganz als gäbe es keine Grenzen, was Finanzen und Möglichkeiten anging, muss man mal in einer Fürstenresidenz wie der Wasserburg Anholt am Niederrhein gestanden haben, gleich an der niederländischen Grenze bei Arnheim. Sie ist von außen eine Augenweide, nicht nur an Frühlingstagen wie diesen: Umschmeichelt von großzügigen Gräften auf denen Schwäne und Gänse schwimmen, eingebettet in die gerade zart erblühenden Barockgärten, durch die sich zwischen Statuen lustwandeln und irren lässt, liegt die Wasserburg. In ihrer heutigen Bauweise ist sie eigentlich ein Schloss. Eines, das märchenhaft aus der Zeit gefallen zu sein scheint. Dass es heute in voller Pracht zugänglich ist, ist alles andere als selbstverständlich: „Nach dem Zweiten Weltkrieg war die Burg zu 70 Prozent zerstört. Viele Adelsfamilien haben damals aufgegeben, doch hier hat der Hausherr, Fürst Nickolaus Leopold, gesagt: Dann machen wir das wieder fertig", erzählt Maria Nehling, Mitarbeiterin im Museum der Wasserburg. Fast 40 Jahre hat der Wiederaufbau gedauert – ein Lebenswerk, das sich gelohnt hat. Auch, weil Großteile der Kunstschätze und Exponate während des Kriegs in einem Stollen im Sauerland lagerten und heute unbeschadet wieder zurück sind.

WASSERBURG ANHOLT

Anschrift: Schloss 1, Isselburg-Anholt
Parkplatz: direkt vor den Schlosstoren
Haltestelle: Wasserburg Anholt
Begehbar: nicht barrierefrei
Besonderes: in der Nachbarschaft ist der Wildpark Anholter Schweiz und der Golfclub Anholt
Einkehr: Parkhotel mit Wasserpavillon inmitten des Schlossteichs, Burgkeller

Die Wasserburg Anholt vom Barockgarten aus betrachtet. Fotos: Kai Kitschenberg

Die Wasserburg ist zugleich ein Museum, das von der eigenen Geschichte zeugt; sie beherbergt zudem eine der größten Kunstsammlungen in deutschem Adelsbesitz; in einem Teil ist das Parkhotel untergebracht; und fürstliche Residenz ist es auch noch. Hier lebt heute Fürst Carl Philipp Joseph Petrus Cölestinus Balthasar Prinz zu Salm-Salm, 84 Jahre, kurz Carl Philipp zu Salm genannt, der sich sehr um die Kunstsammlung verdient gemacht hat.

Doch beginnen wir den Rundgang durch die Burg, der hier nur im Schnelldurchlauf wiedergegeben werden kann, im ältesten Teil. Der Dicke

Im Billardzimmer fand man dann Ablenkung von den anstrengenden Regierungsgeschäften.

Im Rittersaal liegen Eichenbohlen aus dem Jahr 1665, die über 16 Meter lang sind.

Turm stammt aus dem 11. Jh., ein Wehrturm, in dem heute Rüstungen, Jagdwaffen, Münzen und Siegel zu sehen sind – Verlies inklusive, wenn auch nicht mehr in Gebrauch.

Wir gehen durch die kleine und große Bibliothek, 1450 gegründet, mit ihren 8000 Bänden auch aus der Frühzeit des Buchdrucks, mit Folianten und historischen Atlanten.

Der Weg führt in den Rittersaal von 1665 mit seiner Ahnengalerie, den mit Blattgold-Ornamenten veredelten Stuckverzierungen. Hier werden mehrmals jährlich Konzerte gegeben und Empfänge abgehalten.

Im Paradezimmer steht das mit Samtvorhängen geschmückte Paradebett, auf dem die Fürsten einst halb liegend Hof hielten. An der Decke hängt ein gewaltiger Kronleuchter aus Murano-Glas.

Es geht weiter, durch den alten und den neuen Speisesaal. Und wir landen schließlich in einem vergleichsweise nüchternen, modernen Raum, in dem früher Bedienstete untergebracht waren. Heute finden sich hier die Meister.

Doch was genau das bedeutet, wird erst deutlich, als Maria Nehling einmal quer durch den Raum deutet und sagt: „Und dort drüben hängt unser Rembrandt." Und tatsächlich: Auf Anholt findet sich „Diana mit Actäon und Callisto", das der bedeutendste Sammler der Familie, Fürst Ludwig Carl Otto, im Jahr 1774 in Paris erwarb. Da war Rembrandt freilich schon ein Weilchen tot, doch viele Werke wurden auch von den Künstlern selbst direkt aus deren Werkstatt erworben. Auf der anderen Seite des Raums, also dem Rembrandt gegenüber, hängt ein weiteres Juwel der Sammlung: „Venus und Amor als Honigdieb" von Lucas Cranach d.Ä. – es

Im Paradezimmer empfing der Fürst einst auf dem Paradebett die Untertanen.

lässt einen ebenso in Ehrfurcht vor dem Können der alten Meister erstarren wie der Rembrandt.

Man könnte Stunde um Stunde bei einer Führungen verbringen, die immer ab Mai täglich angeboten werden. Ansonsten darf man sich der Natur im Schlosspark erfreuen – oder in der nicht weit entfernten Berg- und Seelandschaft Anholter Schweiz, die in den 1890er-Jahren einer Miniaturversion des Vierwaldstätter Sees nachempfunden wurde. Oder im zur Burg gehörenden Golfclub. Auch dieses Erlebnis darf sich zu Recht fürstlich nennen.

DER BURGHERR KEHRTE NACH JAHRHUNDERTEN ZURÜCK

Zur Burg Linn in Krefeld gehört ein Archäologisches Museum und ein Jagdschloss, in dem ungewöhnliche Musik erklingt

„Darf ich vorstellen, Otto von Linn", sagt Jennifer Morscheiser und zeigt auf einen gläsernen Kasten, der an den Schneewittchen-Sarg erinnert. Doch der Mann, der dort liegt, wird von keinem Prinzen mehr erweckt. In der Kapelle der Burg Linn in Krefeld liegen nur noch die Gebeine des einstigen Burgherren.

Otto von Linn, der erste namentlich bekannte Besitzer, brauchte Geld. Und so verkaufte er das Anwesen Ende des 12. Jahrhunderts an den Kölner Erzbischof, erzählt Museumsleiterin Morscheiser. Eine kleine Befestigung war das noch, die auf dem Hügel stand, umgeben von einem Wassergraben. Wie klein das Haus war, zeigt ein mit Steinen gelegter Grundriss auf dem Burghof. Erst später ersann Otto von Linn eine sechseckige Burg mit vorgesetzten Türmen. „Das war revolutionär für die damalige Zeit." Die Mauern wurden jedoch am Ende enger gefasst als geplant. Vermutlich, weil das Geld nicht immer locker saß.

Der älteste erhaltene Teil der Burg ist ein Turm, der um 1200 entstanden ist. „Backstein war noch nicht so vertrauenserweckend", erklärt Jennifer Morscheiser. Daher setzte man zwischen die rötlichen Steine hellen Tuff. Die Tuffsteine stammen aus dem römischen Kastell Gelduba, das einst in dieser Region stand und Archäologen fasziniert. Auch Museumsleiterin Morscheiser ist Doktor der Archäologie. Und das passt zu diesem Anwesen besser, als man zunächst glauben mag.

BURG LINN

Anschrift: Rheinbabenstr. 85, Krefeld
Parkplatz: z.B. an der Rheinbabenstraße
Haltestelle: Burg Linn
Begehbar: ja, barrierefrei bis Burghof
Besonderes: Flachs- und Weihnachtsmarkt, Tel. 02151/155390
www.museumburglinn.de
Einkehr: Café im Archäologischen Museum mit Außenterrasse

Die mechanischen Instrumente im Jagdschloss erklingen immer sonntags.

Ein Blick vom Gefängnisturm auf die Mauer und den Burghof. Fotos: Volker Hartmann.

Denn zur Burg Linn gehört auch ein Archäologisches Museum.

Dort sind neben einem sehr gut erhaltenen, 16 Meter langen Kahn von ca. 800 viele andere Funde aus Krefeld ausgestellt. Die Schau übertrifft bei weitem, was man sonst in vielen Heimatmuseen zu sehen bekommt. Denn in dem nahegelegenen Stadtteil Gellep liegt ein 3,7 Hektar großes Ausgrabungsfeld. Seit den 30ern arbeiten dort Archäologen. Sie fanden ein Grab des Frankenfürsten Arpvar samt Goldhelm. Es ist eines von über 6000 Gräbern aus römischer und fränkischer Zeit.

Die Gebeine des früheren Burgherren Otto von Linn, der vom Erzbischof wieder als Lehnsmann für die Burg eingesetzt wurde, haben die Archäologen jedoch 1990 bei Grundmauern einer alten Kirche im Stadtteil Linn gefunden. Gerichtsmedizinische Untersuchungen ergaben, dass der Mann an Skorbut gelitten und Wachstumsstörungen hatte, so Morscheiser. Ungewöhnlich für einen Mann seines

Museumsleiterin Jennifer Morscheiser.

Standes? „Wahrscheinlich war er mit Friedrich Barbarossa auf dem dritten Kreuzzug – ein grässlicher Hungermarsch."

Knochen von Schwein und Rind sind in der Burg ausgestellt. „Die lagen unter dem Küchenfenster", sagt die 39-Jährige schmunzelnd. Doch ein Gelage war nicht alltäglich. In der Regel löffelten die Ritter ihren Hirsebrei. Gut betucht waren die Burgherren nämlich nicht. Das änderte sich mit der Seidenweberfamilie de Greiff, die 1806 in das „Jagdschloss" vor der Burg zog. Damals war die Burg nur noch eine Ruine. So viele Kanonenkugeln hatte die Burg abbekommen. Dort, wo sie bei einer Belagerung eingeschlagen waren, ließ man sie in der Mauer ein, um die Unbesiegbarkeit der Burg zu demonstrieren. Doch nach einem Brand während des spanischen Erbfolgekriegs, Anfang des 18. Jahrhunderts, verfiel Burg Linn immer mehr. Die Familie de Greiff störte das nicht: „Man galt damals als kultiviert, wenn man sich mit alten Dingen beschäftigte", so Jennifer Morscheiser. Zwischen den verfallenen, efeuberankten Mauern pflanzte die Familie Rosen und trank Tee.

Noch heute kann man das Schlösschen besichtigen. Sehenswert ist das „Marianne Rhodius Zimmer", benannt nach der letzten Bewohnerin, einer Tochter aus dem Haus de Greiff. Sie erfreute sich bereits am schönen Stuck und an der Wandmalerei. In diesem Raum können sich heute Paare standesamtlich trauen lassen.

In einem anderen Zimmer ist eine Partitur eingerahmt. Die Notenblätter sind unterschrieben mit: „Den Freunden in Krefeld herzlich dankbar, Johannes Brahms". Musik ertönt. Dieses Mal jedoch nicht von dem Glockenspiel aus Meißner Porzellan, die ein Krefelder Uhrmacher einst dem Museum spendete. Eine sehenswerte Sammlung selbst spielender Instrumente ist im Erdgeschoss ausgestellt: Grammophon, Orchestrion und Symphonion – eine Musikbox, die ähnlich wie eine Handdrehorgel funktioniert. Warf man einst ein Geldstück hinein, erklang Musik im Gasthaus. Morscheiser zieht eine Platte aus dem Schrank: der Radetzky-Marsch. Sonntags um 14 Uhr werden die Instrumente vorgeführt.

Nach dem Besuch sollte man einen Rundgang durch den historischen Ortskern Linn einplanen. Dort reiht sich ein denkmalgeschütztes Haus aus dem 17. bis 19. Jahrhundert ans nächste. Die Burg selbst bekam in den 50ern Flachdächer. So schuf man Räume fürs Museum. In den 90ern wurden sie durch spitze Schieferdächer ersetzt. Nun, die heutige Museumsleiterin hätte wohl manches anders entschieden. Statt Neues anzukaufen, das nicht nach Linn gehört, lässt Morscheiser lieber viel Freiraum für Fantasie. Wenn man etwa 17 Meter tief hinabschaut – in das Verlies des Gefängnisturms.

DER URSPRUNG DES SCHLOSSNAMENS BLEIBT IM NEBEL

Sagen ranken um Schwansbell in Lünen. Das Museum im Wirtschaftsgebäude bleibt bodenständig und zeigt das Leben der Nichtadeliger

„Die von Schwansbell sollen schon zu Zeiten Karls des Großen in diesen Landen gelebt und von solchem Kaiser wegen ihrer Geschwindigkeit im Aufsitzen drei Steigbügel in ihr Wappen und dabei den Namen Swancbolle (das bedeutet hurtige Beine) empfangen haben."
Johann Diederich von Steinen, 1760

Dr. Wingolf Lehnemann, Historiker und Leiter des Museums.

Nimmt heute ein Gast eine der Treppen, die sich zum Eingang des Schlosses Schwansbell hochschwingen, sieht er über der Tür ein Wappen mit Schwänen. Doch diese Vögel zeichneten nicht die Herren von Schwansbell aus, sondern die späteren Besitzer des Anwesens: die Familie von Westerholt. Weshalb ist dann der Schwan im Namen der Adeligen gelandet? Ob es wirklich etwas mit deren schnellen Bollen zu tun hatte?

Wir treffen Dr. Wingolf Lehnemann. Der Kulturhistoriker leitet seit 1966 das Museum der Stadt Lünen ehrenamtlich. Seit 1983 befinden sich die Ausstellungsräume im ehemaligen Wirtschaftsgebäude. Lehnemann zeigt dort keine Schlossmöbel – „Sie haben alles mitgenommen." Aber solche Einrichtungen könne man ja auch woan-

SCHLOSS SCHWANSBELL

Anschrift: Schwansbeller Weg 32, Lünen
Parkplatz: vor dem Museum in Lünen
Haltestelle: z.B. „Volkspark"
Begehbar: nur das Museum im Wirtschaftsgebäude, barrierefrei lediglich im Erdgeschoss (Tel.: 02306/1041649)
Besonderes: Spazierweg zum Seepark mit dem Horstmarer Badesee auf dem Gelände der Landesgartenschau 1996

ders bewundern. Ihn interessiert, wie die normalen Menschen gelebt haben. Ein Raum zeigt etwa die Originaleinrichtung eines Arbeiters mit Kaffeemühle, gehäkelter Borte und natürlich dem Herd von 1911. „Die Wohnküche war in vielen Häusern oft der einzige beheizte Raum."

Im Backsteinbau von 1853 werden etwa zwei Dutzend Öfen gezeigt. „Wir hatten in Lünen Eisengießereien." Nicht nur zum Heizen wurden die Öfen gebraucht, auch zum Erwärmen der Bügeleisen.

An knitterfreie Kleidung werden die Herren von Schwansbell allerdings kaum Gedanken verschwendet haben. Sie zählten zum niederen Adel, waren Ministerialen des Kölner Erzbischofs und später Gefolgsleute der Grafen von der Mark. Einer der ersten bekannten war Heribord von Schwansbell. Im 12. Jahrhundert lebte er in einer Burg an dieser Stelle, so Lehnemann, im flachen und feuchten Tal der Seseke, die mit einem Nebenarm das Gebäude umfloss und schützte. Weniger vor Soldaten, so Lehnemann. „Vielmehr vor Wölfen und Räubern."

Einen Teil der Gräfte kann man noch sehen. Allerdings umfließt das Wasser nicht das heutige Schloss Schwansbell, sondern eine Insel auf dem Anwesen – der Standort der früheren Burg. „Das Kellergeschoss ist noch da", sagt Lehnemann und zeigt auf das Fundament. Darauf steht heute ein Pavillon – der einstige Treppenturm. Der spätere Besitzer, Graf von Westerholt, ließ die verfallene Burg abtragen. Die Insel mit dem Wassergraben wurde ein Teil des Parks. Auch das Herrenhaus mit seinen achteckigen Türmen, das Schloss, ließ er in den 1870ern im neogotischen Stil errichten. „Zur gleichen Zeit etwa wie die Krupps Villa Hügel gebaut haben."

Da es jedoch Bergsenkungen wegen des Kohleabbaus gab und die Lände-

Von der alten Burg Schwansbell (hier ein Foto von 1875) ist nur noch das Kellergeschoss geblieben.

Das Museum im Wirtschaftsgebäude zeigt, wie Nichtadelige früher gelebt haben.

Im Schloss Schwansbell mit den achteckigen Türmen sind heute Wohnungen. Fotos: Matthias Graben

reien durch den Datteln-Hamm-Kanal sowie Eisenbahnlinien zerschnitten wurden, gaben die Westerholts den Standort auf. Die Stadt kaufte das Grundstück 1929. Im Zweiten Weltkrieg nutzte die Hitlerjugend das Schloss, im Bombenkrieg dienten die Türme als Flakstation. Nach Kriegsende kamen in dem Haus Flüchtlinge unter, dann Kinder in einem Heim. Der Immobilienbesitzer Heribert Hillebrand kaufte das Schloss schließlich 1981, renovierte es und verpachtete es zurück an die Stadt. Heute sind dort Wohnungen untergebracht, daher ist das Schloss nicht zu besichtigen.

Der bekannteste Schwansbell mit dem Namen Lubbert wurde übrigens während eines Kreuzzugs im Baltikum im 13. Jahrhundert gefangen genommen. Im Kerker soll er ein Marienbild geschnitzt haben. Ein Wächter sah es und stieß misstrauisch mit einem Dolch dreimal in das Bild. Sogleich flossen drei „Blutstropfen" heraus, so Lehnemann. Wie bei vielen Sagen gibt es vielleicht auch hier einen wahren Kern: „Ich unterstelle, es war Harz."

Kommen wir auf die „schnellen Bollen" zurück, die der westfälische Historiker Johann Diederich von Steinen den Herren von Schwansbell zuschrieb: Obwohl das Familienwappen tatsächlich drei Steigbügel zeigt, gehört diese Erklärung ebenfalls ins Reich der Sagen. Wahrscheinlicher sei, so Wingolf Lehnemann, dass das Wort „bell" für „Hügel" stünde. Ein Hügel im Wasser – im Schwanensee? Andere Experten lesen das Wort „bell" selbst als „Teich". Nun, der wahre Ursprung des Namens bleibt im Nebel.

WIE LUTHER EINEM LIEBESNEST SEINEN SEGEN GAB

Das Schloss Moers blickt mehr als 500 Jahre zurück in die spannende Zeit der Reformation

Was hatte sich Gräfin Walburgis von Neuenahr-Moers nur dabei gedacht, als sie sich diesen mindestens 16 Jahre jüngeren Mann, einen Adolf auch noch, ins Haus holte und ins Ehebett? Als hätte die schöne Grafschaft Moers, in deren Schlossmauern Walburgis residierte, nicht genug Scherereien am Hals. Es waren schwierige Zeiten damals. Denn nicht allzu viele Jahre zuvor hatte ein gewisser Augustinermönch namens Martin Luther am 31. Oktober 1517 an der Schlosskirche zu Wittenberg seine 95 Thesen angeschlagen und Anlass zur Spaltung der Kirche gegeben – was unvorhersehbare Auswirkungen auf die Grafschaft Moers hatte. Sie wurden für Gräfin Walburgis durch ihre Ehe mit Adolf von Neuenahr-Alpen so verheerend, dass eines Tages die katholischen Spanier vor der Türe standen.

Woher wir das wissen? Natürlich steht's in den Geschichtsbüchern geschrieben, falls man gerade die richtigen zur Hand hat. Aber man kann es auch gleich vor Ort erfahren, denn das Grafschafter Museum im Schloss Moers hat die eigene Geschichte nach der Sanierung seit 2013 vorbildlich zeitgemäß und didaktisch aufgearbeitet. Und es gibt auch Luther-Führungen. Die übernimmt Alexander Borchard, 34, Museumspädagoge, der so modern, locker und dennoch kenntnisreich aus jener frühen Neuzeit, der Renaissance und der Zeit der Reformation plaudert, dass man meint, es habe sich im Laufe der Jahrhunderte kein Körnchen Staub auf die Schriften und

SCHLOSS MOERS

Anschrift: Kastell 9, Moers
Parkplatz: am Schlosspark vorhanden
Haltestelle: Königlicher Hof (ca. 450 m)
Begehbar: ja
Besonderes: das Grafschafter Museum und das Schlosstheater (Museum-Tel. 02841/8815-10)
Einkehr: keine Gastronomie im Schloss, dafür Casa Leonardo im Schlosspark

Folianten gelegt. Auch Gräfin Walburgis taucht dabei immer wieder auf und erzählt – als moderne 3D-Projektion, und dargestellt von der Schauspielerin Eva Müller.

Zurück zur historischen Walburgis. Den Grundstein für Verdruss hatte ihr Vater Wilhelm gelegt, denn im Jahr 1532, also wohl kurz bevor sie auf die Welt kam, bekannte er sich in Briefen zum Luthertum. Er entsandte seinen Hofprediger Johannes Uden nach Wittenberg, ins Haus Luthers – und seinen Sohn Hermann schickte er zum Studium hinterher. Als Uden wieder da war, übertrug ihm der Graf gleich zwei Vikarien in der Pfarrkirche Moers – das Luthertum war inoffiziell am Niederrhein angekommen, jener Feste des Katholizismus. Man darf annehmen, dass Walburgis zu den Ersten gehörte, die im protestantischen Glauben aufgezogen wurden.

Alexander Borchard führt die Interessierter durch die Lutherzeit in Moers.

Walburgis, deren Geburtsdatum man auf 1533 schätzt, heiratete 1571 in zweiter Ehe diesen Adolf von Neuenahr-Alpen, der es in sich hatte. Als Bruder Herrmann dann 1578 starb, trat sie mit Adolf die Herrschaft über die Grafschaft an.

Das Moerser Schloss im winterlich kargen Schlosspark. Fotos: Volker Hartmann

Ein einstiger Schlossbewohner: Adolf von Neuenahr-Alpen

Da begannen die Schwierigkeiten: Adolf unterhielt beste Beziehungen zum Kölner Erzbischof und Kurfürst Gebhard Truchsess von Waldburg, der arg mit dem Zölibat zu kämpfen hatte, und dank Adolf zum Protestanten wurde, um eine Stiftsdame zu heiraten. Im Schloss Moers richtete Adolf beiden ein Liebesnest ein.

Das konnten sich die Katholiken nicht bieten lassen, auch wegen der engen Verknüpfung von kirchlicher und weltlicher Macht. Und so belagerten die katholischen Spanier das schöne Moers, besetzten es elf Jahre lang, bevor sie vom protestantischen Moritz von Oranien 1597 wieder vertrieben wurden. Dass Walburgis, dank eines Schießpulverexperiments ihres Gatten abermals verwitwet, nun nach Moers zurückkehren konnte, nützte ihr kaum noch etwas, sie starb zwei Jahre später.

So präsent wie im Moerser Schloss sind die Auswirkungen der Reformation längst nicht an allen alten Gemäuern an Rhein und Ruhr. Doch Museumsleiterin Diana Finkele kennt die Geschichte weit vor und nach dieser Zeit ebenfalls, als hätte sie sie miterlebt. Vom gefundenen Glasbesteck aus Römerzeiten übers Rokokozimmer bis in die Jetztzeit. Und immer wieder gibt es etwas Neues zu entdecken. „Wenn Sie hier einen Spaten in den Boden stecken, finden Sie etwas", sagt sie. So fand man etwa bei Arbeiten an der hochmittelalterlichen Ringmauer einen damals oft benutzten, aber selten erhalten gebliebenen Lehmkuppelofen – ein Gebrauchsgegenstand, der eigentlich nicht stabil oder wertvoll genug war, um für die Ewigkeit gebaut worden zu sein, aber unerklärlicherweise dennoch die Jahrhunderte überstand.

Am Moerser Schloss, zu dem auch das Schlosstheater gehört, und im umliegenden Park begegnet man der Stadtgeschichte auf Schritt und Tritt. Und im mittelalterlichen Musenhof wird von April bis Oktober auch für jüngere Besucher das Leben und Wirken der ehemaligen Schlossbewohner wieder lebendig. Mit tiefen Einblicken in die Zeit noch weit vor Luthers revolutionären Thesen.

ALLES GLÄNZT SO SCHÖN NEU AM SCHLOSS BROICH

Es war nicht geplant, aber notwendig – das Gemäuer am Müga-Park in Mülheim steckt in einer gewaltigen Sanierung

Das Leben auf Schloss Broich hätte so schön sein können: Seit den 1960er-Jahren hatte sich das alte Gemäuer zwischen Ruhr und dem Parkgelände der ehemaligen Landesgartenschau zu einem prächtigen Vorzeigeobjekt der Stadt Mülheim gemausert. So schön war es sogar, dass die Mülheimer Stadtmarketing und Tourismus GmbH (MST) beschlossen hatte, nach einer Innensanierung der Räumlichkeiten hier ihr neues Domizil zu beziehen. Eine gute Entscheidung. Und zugleich eine schlechte. Denn kaum waren die Stadtvermarkter eingezogen, kam eines Tages eine Mitarbeiterin an und sagte zu ihren Kollegen: „Da ist ein Stein herausgefallen." Und erntete als erste Reaktion nur: „Das wird schon nicht so schlimm sein, wenn ein Stein herausgefallen ist."

Was für ein fataler Irrtum.

Denn es lösten sich noch mehrere Steine aus der Ringmauer nahe des Torbogens. „Es war der Stein des Anstoßes, der erste sichtbare Schaden. Und dann hat sich eine ganze Maschinerie in Gang gesetzt", so Inge Kammerichs, Geschäftsführerin der MST.

Marc Baloniak und Inge Kammerichs vom Mülheimer Stadtmarketing.

SCHLOSS BROICH

Anschrift: Am Schloss Broich 28-32
Parkplatz: Am Müga-Park, Stadthalle, Ringlokschuppen, Mülheim
Haltestelle: 102, 901 „Schloss Broich"
Begehbar: Innenhof zugänglich, Gebäude nicht barrierefrei
Besonderes: Historisches Museum Sa/So 11-17, Januar und Februar 12-15 Uhr
Einkehr: mehrere Restaurants in der Nähe

Der Innenhof von Schloss Broich, im Gebäude befinden sich Trauzimmer, Rittersaal – und das Stadtmarketing.

Experten schauten sich den Zustand des Mauerwerks und seiner Fugen an – und als man fertig war, kam der Schock: 5,4 Millionen Euro an Kosten kamen bei der ersten Schätzung für die Sanierung heraus. Eben jener marode Torbogen musste sofort gesichert werden. Das war 2009, der Anfang einer Sanierung, die bis heute andauert – aber mit großen Schritten voranschreitet.

Die Vorbereitung des Großteils der Sanierung nahm einige Zeit in Anspruch, sie begann erst im Frühjahr 2013 und verbunden mit einem Glücksfall im ganzen Unglück. Denn die Sanierer kamen in Kontakt mit Ägidius Strack, einem Gutachter und ausgewiesenen Experten für die Restaurierung alter Bauwerke. Er hat schon Erfahrungen gesammelt mit Schloss Drachenburg und der Nibelungenhalle. Er schaute sich die Substanz an, ließ in Zusammenarbeit mit Studenten alles noch einmal aufnehmen. „Und dann hat er etwas gemacht, das ich in meinen 35 Berufsjahren noch niemals erlebt habe: Er ist mit dem Etat um 1 Million nach unten gegangen", berichtet Inge Kammerichs.

Zu verdanken war das auch den modernen Untersuchungsmethoden, die eventuelle Hohlräume im Mauerwerk und rostige Metallverstrebungen schon im Vorfeld entdecken und so böse Überraschungen weitgehend ausschlossen.

So eine Sanierung ist bei historischen Gebäuden ja immer aufwändiger, als man so denkt. Denn als hätte man mit den Steinen nicht genug zu tun, kamen die Tier- und Pflanzenschützer auf den Plan. „Zum einen ging's um die Fledermauskartierung", berichtet Marc Baloniak, Abteilungsleiter Tourismus bei der MST. Das Flattervieh machte allerdings keinen Ärger, denn es jagt zwar auch am Schloss, hat dort aber nicht Domizil bezogen.

Schwieriger wurde es beim Pflanzenbewuchs an den Mauern. Der Experte nennt das „Mauerfugenvergesellschaftung". Und Inge Kammerichs übersetzt erheitert: „Das ist die Party in den Ritzen." Man kam, sah und fand. Unter anderem den Braunstieligen Streifenfarn. Seinetwegen werden nun kleine Bereiche des Mauerwerks bei der Sanierung ausgespart, damit er nachher von den unsanierten auch auf die sanierten Bereiche übersiedeln kann.

Man hat es hier teils mit sehr altem Mauerwerk zu tun: Als spätkarolingisches Sperrfort trotzte es wohl im Jahr 883/884 den Normannen, die von Duisburg aus die Ruhr hinauf wollten. Die bewegte Geschichte von Broich lässt sich an vielen Steinen und Relikten ablesen, bleibenden Eindruck hinterließ offenbar die spätere Preußische Königin Luise, die in den Jahren 1787 und 1791 hier ein wenig verweilte. Eine weiße Büste im Treppenhaus erinnert an sie.

In den mehr als drei Sanierungsjahren ist es allerdings gelungen, das rege Leben auf Schloss Broich und die zahlreichen Veranstaltungen mit wenigen Einschränkungen weiter zu ermöglichen. Die 41 Trautage im Jahr, bei denen mehrere Hundert Paare sich das Ja-Wort geben, das Pfingst-Spektakulum, der Castle-Rock, die Broicher Schlossweihnacht und ebenso die Schlossnacht.

Außerdem hat das Historische Museum, das ehrenamtlich vom Geschichtsverein geführt wird, den Betrieb aufrechterhalten. Und natürlich haben die Stadtvermarkter weiter ihres Amtes gewaltet, auch im Dienste des Schlosses. Denn weil klar war, dass eine derart große Sanierung immer mit Unwägbarkeiten verbunden ist, riefen sie die „Schloss-Retter" ins Leben, eine Spendenaktion zur Erhaltung von Schloss Broich, die bis heute erfolgreich ist. Übrigens ist bisher der Etat für die Sanierung nur an einem Bauabschnitt leicht überschritten worden. Die Arbeiten dauern bis 2020.

Im Hochschloss ist das Historische Museum untergebracht. Fotos: Lars Heidrich

EINE SCHÖNHEIT IM SCHATTEN DES WASSERTURMS

Wo Kunst und Krabbeltiere ein Dach gefunden haben – Schloss Styrum in Mülheim an der Ruhr mit dem Aquarius-Turm nebenan

Es ist schon eine Weile her, so kurz vor der Jahrtausendwende, da drehte Rainer Komers einen Film über das Schloss Styrum, dessen Titel es auf den Punkt brachte: „Ein Schloss für alle". Genauso ist es noch heute, denn das Gemäuer an der Ruhr dient einer ganzen Reihe unterschiedlicher Zwecke. Wer heiraten oder anderweitig repräsentativ feiern möchte, kann dies gleich vor Ort tun: Ja-Wort in der Schlosskapelle, Feier im festlich eingedeckten Saal, der eigens für diese Zwecke geöffnet wird. Zudem hat eine ganze Reihe von Künstlern, zu denen auch der Filmmacher Rainer Komers gehört, ihr Atelier in den Mauern von Schloss Styrum bezogen. Ein Glaspavillon, der wie ein Wintergarten anmutet, gehört zu einer Altentagesstätte. Und, oha, im Kellergewölbe gibt es Spinnen, Schlangen, Frösche und ... ja, Fische, denn hier haben die Aquarierfreunde 07/48 ihre Becken und Terrarien gefüllt. Ein Schloss für alle eben. Und das seit mindestens 25 Jahren.

Denn im Jahr 1992 kam die Mülheimer Gartenschau MüGa – und bescherte dem Schloss eine große Renovierung. Nun sind 25 Jahre keine sonderlich große Zeitspanne für ein Bauwerk, das zum ersten Mal vor rund 950 Jahren, also im Jahr 1067, erwähnt wurde und dessen Kern zumindest bis ins 13. Jahrhundert datiert. 1992 wurde alles hübsch und neu, auch im sehr schmucken, aber nicht gerade herausragend imposanten Schlosspark.

> **SCHLOSS STYRUM**
>
>
>
> **Anschrift:** Moritzstraße 102, Mülheim
> **Parkplatz:** am Schloss vorhanden
> **Haltestelle:** Bf. Styrum bzw. Meißelstr.
> **Begehbar:** das Schloss ist nicht frei zugänglich. Das Wassermuseum Aquarius öffnet täglich außer montags von 10-18 Uhr. Das Zierfisch-Aquarium im Schloss öffnet Do 18-20 Uhr, So 13-15 Uhr
> **Einkehr:** nur bei Feiern

SCHLOSS STYRUM

Aquarius-Leiter Andreas Macat.

Dort steht ein Bauwerk, das jenes altehrwürdige Gebäude schon seit recht langer Zeit in den Schatten stellt: der Wasserturm Aquarius, den Ruhrbaron August Thyssen 1893 dort errichten ließ. Kurz zuvor hatte er Schloss Styrum gekauft, Wohnsitz für die Generaldirektoren seiner Firma. „Ich habe mich manchmal gefragt: Warum hat Thyssen direkt neben das Schloss diesen Turm gesetzt? Man kann es fast als Symbol für die neue, industrialisierte Gesellschaft sehen – gegenüber der alten Adelsgesellschaft, für die das Schloss steht. Es symbolisiert vielleicht den Sieg der Industriepioniere, wie Thyssen einer war", so Andreas Macat, Leiter des Aquarius Wassermuseums.

Dass Thyssen für sein Eisenwalzwerk Wasser brauchte und deshalb ein Wasserwerk ein paar hundert Meter

Das Schloss wird von einem Spitzturm geziert. Foto: Kerstin Bögeholz, alle anderen Fotos: Lars Heidrich

weiter an der Ruhr errichtete, leuchtet ein. Warum aber der Turm in den Schlosspark musste, dafür gibt es keine Erklärung. Der Aquarius gehört der RWW, also der Rheinisch-Westfälischen Wasserwerksgesellschaft, und beherbergt ein hochmodernes Multimedia-Museum. In diesem architektonisch eindrucksvollen, denkmalgeschützten Industriebau erfahren die Besucher auf 14 Ebenen alles, was sie über das kühle Nass wissen müssen, von der Entschlüsselung des Wassermoleküls durch Antoine Lavoisier, der widerlegte, dass es sich bei Wasser um ein Element handelt, bis hin zur modernen Wasserwirtschaft – und der Analyse des eigenen „Wasserfußabdrucks", mit dem man ausrechnen kann, wie viel Wasser man durch seinen Lebensstil verbraucht. Heute liegt der tägliche direkte Wasserverbrauch eines Menschen in Deutschland bei 120 Litern. Aber indirekt, etwa durch das zur Herstellung von Lebensmitteln, Kleidung und anderen Verbrauchsgütern verwendete Wasser, konsumieren wir vier- bis fünftausend Liter Wasser. Das klingt viel, wird aber deutlich, wenn man sich vor Augen führt, dass allein für die Herstellung der Kaffeebohnen in einer Tasse Kaffee gut 140 Liter Wasser notwendig sind.

Nun springen wir vom Aquarius zum Aquarium, das im Kellergewölbe des Schlosses seine Heimat hat. Hier treffen wir Dirk Herchenhahn, den Vorsitzenden der Aquarienfreunde 07/48, die gemeinsam mit der Gesellschaft für Aquarienkunde gut 500 schuppige Wasserbewohner beherbergt. Der Gewölbekeller stammt aus dem 13. Jahrhundert – und ist wohl der älteste Teil des Schlosses. Die Wände sieht man hinter den prächtigen Aquarien, in denen etwa Ameca-Kärpflinge ihre Runden ziehen. Auch ein paar Vogelspinnen und eine Kornnatter kann man dort treffen, was jetzt etwas gruselig wäre, wenn sie nicht so hübsch in ihren Terrarien ausgestellt wären. Sonntagsnachmittags ist für Ausflügler geöffnet.

Auf der anderen Seite des Schlosses und zwei Etagen höher treffen wir Rainer Komers, der regelmäßig die japanische Foto-Künstlerin Hiroko Inoue in seinem Atelier zu Gast hat, mit der er schon mehrere Projekte realisiert hat. Auf den Gängen vor den Ateliers sieht es noch ein bisschen hochherrschaftlich aus, die Ateliers hingegen sind eher Arbeitsräume. So wie der von Komers. Gemeinsam mit Inoue war er aber auch schon in der japanischen Stadt Kobe, auf den Spuren des Erdbebens von 1995. Und auch hier, in vielen Einstellungen, die sich mit der Hafenstadt auseinandersetzen, findet sich als Leitmotiv das Wasser. Ebenso in den Fotoarbeiten von Hiroko Inoue, die das herabfallende Wasser an Industriekühltürmen im Revier abbildete. Wenn man es nicht besser wüsste, könnte man meinen, Styrum wäre ein Wasserschloss für alle.

SCHLOSS STYRUM

*Idyllisch gelegen an der Ruhr: Schloss Styrum im Vordergrund, der Aquarius im Hintergrund.
Foto: Hans Blossey*

MIT BESEN, SCHWERT UND ENGAGEMENT FÜR DEN ERHALT DES GEMÄUERS

Burg Vondern in Oberhausen verdankt seinen exzellenten Zustand vor allem der Tatkraft vieler Ehrenamtler

Alle zwei Jahre im Sommer fällt die Burg Vondern zurück durch die Zeit: Man möchte sich zwar nicht so genau festlegen, ob die Reise nun 500 oder 1000 Jahre in die Vergangenheit führt, doch wenn auf einmal gerüstete Recken im Kettenhemd mit Schwert und Hellebarde den Zugang zum Hof säumen, muss wieder Ritterfest sein auf Vondern.

Und jedes Mal ist dieses Ritterfest ein mittelgroßes Wunder, und das lässt sich ganz ohne den mittelalterlichen Hang zur Übertreibung sagen. Denn Heerlager, Spektakuli und Fehden gibt es zuhauf. Doch hier wird alles komplett von einem verwegenen Haufen von Ehrenamtlern gestemmt. Womit nicht gesagt sein soll, dass diese Ehrenamtler keine Profis sind.

Aber sie verfolgen eben keine kommerziellen Zwecke. Sondern nur diesen einzigen: „Alle Einnahmen fließen in den Erhalt der Burg", sagt Hagen Hoffmann, zweiter Vorsitzender des Fördervereins Burg Vondern. Mit am Tisch sitzt Walter Paßgang, erster Vorsitzender. Der 72-jährige war schon dabei, als sich der Verein 1982 gegründet hat. „Die öffentliche Hand hat hier über Jahrzehnte versagt", erinnert er sich an die Anfänge, als die Burg mehr als renovierungsbedürftig war. Seitdem hat sie sich zu einem Schmuckstück der Stadt Oberhausen gemausert, wenn auch zu einem eher versteckten. Gelegen an der Arminstraße, eingequetscht zwischen Bahngleisen, dem Lärmschutzwall der A42 und alten Bergarbeiterhäuschen.

Die Organisation des Ritterfests, das alle zwei Jahre im Sommer mit unge-

BURG VONDERN

Anschrift: Arminstr. 65, Oberhausen
Parkplatz: im Burghof, beim Ritterfest in der Siedlung (Parkverbote beachten)
Haltestelle: 952/SB92, Burg Vondern
Begehbar: beim Ritterfest offen, sonst bei Veranstaltungen und Führungen
Besonderes: Anfragen für Führungen über www.burg-vondern.de oder unter Tel. 0208/896297 (nur zeitweise)

Das Führungsteam hinter dem Ritterfest auf Vondern: Marko Krämer, Tobias Thimm, Walter Paßgang und Hagen Hoffmann (v.l.). Fotos: Lars Heidrich

raden Jahreszahlen ansteht, liegt bislang federführend in der Hand von drei Leuten, die sich auch sonst intensiv für den Erhalt der Burg engagieren: Hagen Hoffmann (47), Marko Krämer (52) und Tobias Thimm (32). An den großen Tagen des Ritterfests geht es dann Mann gegen Mann, Schwert auf Harnisch – auch Frau gegen Frau, dann jedoch schon mal mit der Bratpfanne, deren Gefährlichkeit als Schlagwaffe weithin unterschätzt wird.

Ein Falkner ist regelmäßig dabei. Und ein Schmied für die Kinder, die dann Nägel behauen dürfen, bis sie zum Messerchen werden: „Nicht gucken, sondern wirklich anpacken. Gelebtes Mittelalter", so Krämer.

Bei der konkreten Durchführung eines solchen Ritterfests wächst die Schar der Ehrenamtler auf 30, alles Leute aus der Mittelalter-Szene, die nicht nur alle zwei Jahre am Wochenend' ins Kettenhemd schlüpfen. „Oft geht dadurch für die Leute der halbe Jahresurlaub drauf", so Thimm, der großen Respekt vor dem Engagement hat.

Doch hier ist es wie überall im Ehrenamt: Der Schuh drückt beim Nachwuchs – obwohl es in der Mittelalterszene nicht an jungen, engagierten Leuten mangelt. Aber: „Der Nachwuchs scheut sich oft, Verantwortung zu tragen", sagt Thimm.

Wenn gerade mal kein Ritterfest ist, hängen die Flaggen auf Vondern ebenfalls nicht auf Halbmast. An fünf Terminen pro Jahr kann man sich im historischen Trauzimmer vermählen lassen, die Brautpaare feiern oft in der Remise oder im Keller der Burg. Manchmal spielt man hier auch Klassikkonzerte.

Im Inneren ist ein Museum mit Rüstungen und Waffen aus dem Mittelalter im Aufbau – zum Anfassen.

Vondern wurde 1162 erstmals urkundlich erwähnt und gehört zu den wenigen Burgen, „die nie richtig zerstört wurden", berichtet Hoffmann. Damals residierten hier die Herren von Vondern, Anfang des 15. Jahrhunderts die Familie von Loë, im 18. Jh. die Grafen von Nesselrode. Aber, so Paßgang: „Es war nie das geliebte Kind der Nesselrodes."

Dennoch zählt die Burg zu den ältesten, heute noch erlebbaren Zeugen des Mittelalters in Oberhausen – mit einer modernen Stahlskulptur des „Grünen Ritters" im Innenhof. Zu ihm gehört eine Sage: Der junge Dietrich von Loë musste im 15. Jahrhundert eine Jungfrau aus einem Zauberschloss befreien, in das sie sich aus verzweifelter Liebe verirrt hatte. Doch das wurde von jenem mysteriösen Ritter in Grün bewacht, den es erst zu bezwingen galt. Dietrich war siegreich – und man sieht: Auch der Legende nach fochten die Ritter viel auf Vondern.

Ein Burgmuseum zum Anfassen ist übrigens derzeit im Aufbau. Und Hoffmann selbst führt durchs Gemäuer, auch Schulklassen und Kinder. „Das nennen wir ‚Im Schweinsgalopp durchs Mittelalter'", erläutert er. „Die Kinder sind immer überrascht, dass man damals schon mit sechs Jahren nicht mehr als Kind galt und arbeiten musste. Das hat einen großen pädagogischen Effekt." Und wer weiß, vielleicht wird das ein oder andere Kind, das heute froh ist, noch nicht arbeiten zu müssen, später mal zum begeisterten Ehrenamtler auf der Burg.

ALS OBERHAUSEN NOCH EIN NICHTS MIT BAHNHOF WAR

Das Schloss brachte der Großstadt ihren Namen. Heute lockt es in der Ludwiggalerie mit modernen Ausstellungen

Am Anfang war das Schloss. Und das Schloss hieß Oberhausen. Und es ward eine Stadt gleich in der Nähe. Und die Stadt hieß Oberhausen. Und Oberhausen wuchs und wuchs, bis endlich Schloss und Stadt eins waren.

Was im ersten Augenblick ein bisschen übertrieben biblisch klingen mag, ist dennoch eine Schöpfungsgeschichte. Denn ohne Schloss kein Oberhausen. Zumindest nicht unter diesem Namen. Denn dieses von Hunderttausenden bewohnte Gebilde, das wir heute unter dem Namen Oberhausen kennen, muss man sich im Jahre 1847 noch als ein Nichts mit Bahnhof vorstellen.

Und das kam so: Die Cöln-Mindener Eisenbahn baute ihre Strecken aus, alle 50 Kilometer musste ein Haltepunkt her. Die Ingenieure nahmen Maß, steckten ein Fähnchen in die Karte – und bauten einen Haltepunkt dorthin, wo sonst nichts war. Als sie überlegten, wie sie ihn nennen könnten, kamen sie schnell auf den Namen des Schlosses, das der Graf Maximilian Friedrich von Westerholt-Gysenberg zwischen 1803 und 1812 vom Münsteraner Hofbaumeister August Rein-

Christine Vogt, Direktorin der Ludwiggalerie im Schloss Oberhausen. Fotos: Lars Heidrich

SCHLOSS OBERHAUSEN

Anschrift: Konrad-Adenauer-Allee 46, OB
Parkplatz: am Haus, an der Straße
Haltestelle: Schloss Oberhausen
Begehbar: ja, barrierefrei
Besonderes: Ludwiggalerie, Führungen sonntags 11.30 Uhr. Kaisergarten. Gasometer und Centro in der Nähe
Einkehr: Schlossgastronomie Kaisergarten, schräg gegenüber: L'Italiano

Rosa eingerahmt: Die gläserne „Vitrine" ist das moderne Entree des Schlosses im Innenhof.

king hatte erbauen lassen. So kam die Stadt zum Namen.

Eine Bau-Geschichte, die mit einer tragischen Liebe einherging. „Maximilian hatte unter Stand geheiratet. Daraufhin hat sein Vater ihn aus der Erbfolge ausgeschlossen und ihm Land an Furt der Emscher gegeben. Er hat diese repräsentative Schlossanlage für sich und seine geliebte Frau gebaut. Sie ist dann aber relativ früh verstorben, so dass er dieses Schloss gar nicht richtig genutzt hat", erzählt Christine Vogt, Direktorin der Ludwiggalerie Schloss Oberhausen.

Schon lange zuvor, im 12. oder 13. Jahrhundert hatte es nur 200 Meter flussaufwärts einen Rittersitz mit Wasserburg namens Overhus oder Overhuysen gegeben, doch das Gebäude war Ende des 18. Jahrhunderts längst nicht mehr bewohnbar, so dass Maximilian sich nebenan das Schloss als „bescheidenen" Landsitz entwerfen ließ.

Wer heute einen Blick auf dieses Fleckchen Erde wirft, dürfte das Stadtleben ganz schön pulsierend finden: Das Schloss ist umrahmt vom Kaisergarten, dem Centro, dem Gasometer, dem Rhein-Herne-Kanal, vor seinen Toren wälzt sich der Verkehr über die B 223, die natürlich angeschlossen ist an die A42, die A516. Ganz schön urban also. Aber all das gab es ja damals nicht.

Nun könnte man denken, wenigstens der Kaisergarten, eine der großzügigsten, gepflegtesten und grünen Lungen von Oberhausen, wäre aus dem ehemaligen Schlossgarten entstanden. Weit gefehlt: Ursprünglich lag der Schlossgarten vor dem Schloss, dort wo heute die B 223 fließt – und erstreckte sich bis in den Grafenbusch. Der Kaisergarten wurde erst 1897 zum 100. Geburtstag von Kaiser Wilhelm I. als Volksgarten eingerichtet.

Das Schloss, lange etwas stiefmütterlich behandelt, erlebte nach dem Zweiten Weltkrieg eine neue Blüte. 1947 zog hier die Städtische Galerie ein, als eine der ersten neu eröffneten nach dem Krieg. Und obwohl man im Jahr 1958/1959 das Haus wegen Bergschäden abreißen musste, konnte es mit Geld der Gutehoffnungshütte nach

Reinkings Originalplänen wiederrichtet werden. Somit ist das Schloss Oberhausen vermutlich der ehemalige Adelssitz mit der neuesten Bausubstanz, den man weit und breit finden kann.

Auch ist man hier modern. Als 1998 die Ludwiggalerie nach vorheriger Zusammenarbeit mit Peter und Irene Ludwig neu aufgestellt wurde, legte man drei Themenstränge fest. Die „Sammlung Ludwig" öffnet den Blick auf den privaten Besitz der Mäzene; die „populäre Galerie" widmet sich Comics, Karikaturen, Plakaten und Fotografien – und ist oft einer der Publikumsmagneten; und die „Landmarken Galerie" schaut auf den Strukturwandel.

Neben den großen Ausstellungen im Haupthaus, die laut Christine Vogt die Galerie mit bis zu 20.000 Besuchern an die Kapazitätsgrenzen bringt, kann sie etwa in der Panorama-Galerie im „kleinen Schloss" auch kleinere Ausstellungen zeigen – etwa eine Schau von Oberhausener Künstlern.

Architektonisch verschmelzen Alt und Neu am Schloss: 1998 wurde vor den Haupteingang die „Vitrine" gebaut, ein moderner Glaskasten, der als Kassenhaus, Empfangshalle und optischer Kontrapunkt dient – und eine wichtige Funktion bei der Klimatisierung des Gebäudes erfüllt.

Das mit Ziegelmehl rosa angestrichene Schloss beherbergt auch die Gedenkhalle für die Opfer des Nationalsozialismus, die Artothek, in der man sich Kunst ausleihen kann – und einen Trausaal. Gleich dahinter ringelt sich die „Slinky Springs To Fame"-Brücke von Tobias Rehberger über den Rhein-Herne-Kanal. Entstanden im Rahmen von Ruhr 2010, verlängert sie die Kunst vom Schloss bis zum Stadion Niederrhein. Tatsächlich sei sie nämlich keine Brücke, „sondern eine begehbare Skulptur", sagt Christine Vogt und freut sich sichtlich darüber, dass sie aus dem Café des Museumsshops einen Blick darauf werfen kann.

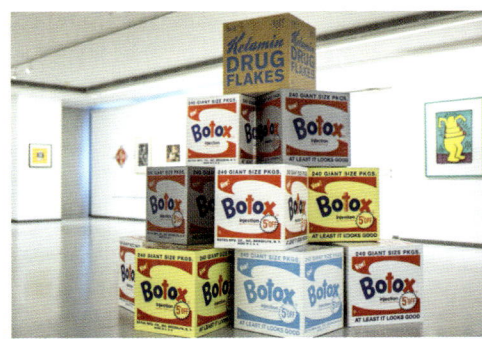

Die gesprayte Banane kennzeichnet das Schloss als Kunst-Ort. Blick in die Ausstellung: Botox-Kartons als künstlerische Farbvariation.

WIE EIN KAUFMANN DIE RUINE IN EIN SCHLOSS VERWANDELTE

Am Ende waren es dann doch wieder Adelige, die dem Haus Martfeld in Schwelm den letzten Schliff gaben

Eine Ruine muss Haus Martfeld gewesen sein, als Johann Peter Hochstein das Anwesen in Schwelm übernahm. Er ließ das Haus im 18. Jahrhundert renovieren, in ein Schloss umwandeln und einen Barockgarten errichten. Im Gegensatz zu den adeligen Vorbesitzern war er mit der Zeit gegangen und durch Handel zu Wohlstand gelangt. Dabei wurde das gar nicht gerne gesehen, dass dieser Kaufmann das Haus übernahm. Es widersprach eindeutig einer Klausel in einem Testament. Nicht nur, weil Hochsteins Vorfahren keine Ritter sondern Bauern waren. Er vertrat zudem den calvinistischen und nicht den katholischen Glauben. Daher wollte man ihm das Anwesen nicht so einfach überlassen ...

Das Wappen über dem Tor, zu dem man früher über eine Zugbrücke gelangte, zeigt die Jahreszahl 1627. Doch das ist nicht der Ursprung des Hauses. Der liegt auf einem künstlichen Hügel, nur wenige Meter vom heutigen Schloss entfernt. Eine Motte muss dort gestanden haben, ein Holzturm. Danach entstand im 14. Jahrhundert das eigentliche Haus Martfeld, das seine Blütezeit hatte, als andere Menschen ihre Hütten durch Brand verloren. Mitten im Dreißigjährigen Krieg bauten die Bewohner die Anlage mit dem alten Rundturm aus, der heute noch steht. Die Jahreszahl auf dem Wappen – das Original liegt im Münzkabinett –, zeigt den Zeitpunkt der Renovierung. „Die Familie Raitz von Frentz hatte hier ihren

HAUS MARTFELD

Anschrift: Haus Martfeld 1, Schwelm
Parkplatz: vor dem Museum
Haltestelle: „Haus Martfeld"
Begehbar: im Haus nicht barrierefrei
Besonderes: Stadtarchiv, Museum für Stadt- und Regionalgeschichte, Sa/So 12-17 Uhr, (Tel. 02336/914438)
Einkehr: Schlossgastronomie „Im Martfeld", Montag Ruhetag, www.immartfeld.de

Cornelia Hackler, Historikerin und Museumsleiterin.

Sitz", sagt Cornelia Hackler, die das Museum und das Stadtarchiv im Haus Martfeld leitet. „Sie waren Rittmeister und Militärmeister." Sie hatten Macht und sie hatten Geld. „Sie waren Kriegsgewinnler."

Wo heute die Hauptstraße am Schloss vorbeiführt, war früher die alte Heerstraße. Die Bewohner des Hauses Martfeld, das früher noch einen Westflügel hatte, zogen Zölle ein. Ackerflächen gehörten zum Besitz, der Schwelmer Wald, ein Bergwerk für Alaunerze, mit denen man Textilien entfärbte, sowie eine Lohmühle, in der Eichenrinde gemahlen wurde zum Gerben von Leder. Aber: „Es war keine große, offizielle Anlage, die Regierungspräsentanten beherbergte." Vielmehr wurde an diesem Ort das Heer versorgt.

Erst der Kaufmann Hochstein brachte Glanz ins und aufs Haus. Aus dieser Zeit stammt auch noch die Laterne auf dem Dach des runden Turms: ein Aufsatz mit Säulen. Auf der kleinen Gaube mit der Uhr im Innenhof muss ebenfalls mal solch eine

Neben der Kapelle stand die erste Burg: eine Motte. Fotos: Lars Heidrich

Früher gab es nur diesen einen Eingang zum Haus Martfeld. Die Ritter gingen über eine Zugbrücke hinein.

Laterne gewesen sein, die an die Antike erinnern sollte. Typisch für den Barock und die klassizistische Zeit, so Hackler: „Die Laternen, diese Tempelchen, waren ein Schönheitsideal."

Ein Teil des Wassergrabens blieb bis heute. Zusammen mit zwei weiteren Gräften konnten so anfangs Feinde abgewehrt werden. Doch das Wasser hatte zudem eine bautechnische Funktion, die dem Haus heute fehlt, auch weil der Bau einer Eisenbahnstrecke dem Haus das Wasser quasi abgrub. Einst war der Graben tiefer, das Wasser drückte gegen die Außenwände, stabilisierte sie. Heute sieht Cornelia Hackler Risse in den trockenen Wänden: „Früher hat man langlebig gearbeitet und entsprechend konzipiert. Der Verfall sollte schon länger dauern."

Das Wasser befeuchtete auch das Eichenrostgitter, auf dem die Burg steht, ähnlich wie die Bauten in Venedig. Denn die Niederungsburg steht in einem Feuchtgebiet. Daher auch der Name Martfeld, der sich von Marsch ableitet, wie man die Böden in der Nähe der Küste nennt.

Der gläserne Anbau vor dem Haus, in dem heute die Schlossgastronomie beherbergt ist, wirkt modern. „Aber ganz aus der Luft gegriffen ist diese Art der Erweiterung nicht", sagt Hackler. Bereits Freifrau Friederike von Elverfeldt, die das Haus 1839 erwarb, ließ

Das Wappen am Torturm.

wirkt etwas fehl am Platz. Von der Tür aus stolpert man fast über ein Podest und danach über die erste Stufe. Auch hierbei ging es wieder darum, zu repräsentieren.

Originalstücke sind darüber hinaus lediglich zwei Glaspokale, die in einer Vitrine im Museum für Stadt- und Regionalgeschichte ausgestellt sind. Die Glas-Gravur zeigt: „J.P. Hochstein – 1753". Wahrscheinlich feierte der Kaufmann damit den gewonnenen Prozess, der ihn nach Jahren zum rechtmäßigen Eigentümer von Haus Martfeld machte, vermutet Cornelia Hackler. „Sehen Sie die Perlen?", sagt die 58-Jährige und zeigt auf den Boden der Pokale. „Sie sehen so aus, als wäre da noch immer ein bisschen Sekt drin. Raffiniert! Und philosophisch interessant: Das Glas ist nie ganz leer."

an gleicher Stelle einen Wintergarten errichten. Auch mit viel Glas, aber aus Holz. Hochsteins Park verwandelte sie in einen englischen Garten mit einer neugotischen Kapelle. Schließlich vererbte sie das Haus ihrem Neffen: Unter Baron von Hövel wurde im 19. Jahrhundert der Barocksaal eingerichtet, der einzige größere Raum des Hauses mit goldverziertem Stuck an der Decke. Der niedere Adel, Jahrhunderte zuvor, hatte sehr beengt gelebt.

Im Inneren des Hauses gibt es keine Originaleinrichtung mehr, abgesehen von einer hölzernen Barocktreppe, die vermutlich Hochstein in den ehemaligen Küchentrakt einsetzen ließ. Sie

Der runde Turm ist der älteste Teil. Die Laterne auf dem Dach kam später hinzu.

IM HAUS VOERDE WERDEN BÜNDE FÜRS LEBEN GESCHLOSSEN

Wer die Ringe tauschen will, kommt in der Stadt am Niederrhein nicht ums Wasserschloss herum

Für viele Paare gehört es ja zu den großen, fast schon exotischen Träumen, dereinst in einem Wasserschloss zu heiraten. Weil's halt so romantisch ist. Unter den Einwohnern von Voerde hingegen käme niemand auf die Idee, an einem anderen Ort als im Wasserschloss zu heiraten. Und der Grund dafür ist ganz pragmatisch: In dem alten Herrenhaus mit Wassergräben ist eben das Standesamt untergebracht. „Ich selbst habe übrigens auch hier geheiratet", erzählt Stadtarchivarin Kirsten Lehmkuhl und lacht fröhlich bei der Erinnerung daran.

Das historische Herrenhaus mit seiner weißen Fassade ist der architektonische Blickfang in einem ausgedehnten Barockgarten. An seiner Fassade lesen wir, aus den metallenen Deckenankern geschmiedet: „AO 1668". Also anno 1668 wurde das Haus in seiner heutigen, ebenfalls barocken Form errichtet. Tatsächlich ist die Geschichte dieses Bauwerks allerdings einige Jahrhunderte älter.

1334 wurde Haus Voerde erstmals urkundlich in einem Dokument der Abtei Werden erwähnt, damals wurde ein Herr Loete damit belehnt. „Man vermutet jedoch, dass hier schon im 12. Jahrhundert ein Haus stand", so Lehmkuhl. Einige der ältesten Mauern deuten darauf hin. Die Besitzergeschichte des Hauses war lange Zeit sehr wechselhaft, ein bisschen mehr Kontinuität kehrte erst im Jahr 1553 ein, als die Adelsfamilie Syberg einzog, die auch prägend für die ganze Geschichte von Voerde war und die im Wappen

> **HAUS VOERDE**
>
>
>
> **Anschrift:** Alleestr. 65, Voerde
> **Parkplatz:** direkt vor dem Haus
> **Haltestelle:** Tönningstr./Breiter Deich
> **Begehbar:** Außenbesichtigung
> **Besonderes:** im Gebäude ist das Standesamt Voerde untergebracht
> **Einkehr:** spanisches Restaurant „El Brasco" mit Außengastro gleich vor dem Standesamt (Tel. 02855/3611)

Ganz in Weiß: Im Haus Voerde ist das Standesamt der Stadt beheimatet. Fotos: Lars Heidrich

der Stadt ihr goldenes Rad auf schwarzem Grund hinterlassen hat.

In die Zeit der Sybergs fiel allerdings der Dreißigjährige Krieg, in dessen Wirren das Haus Voerde zerstört wurde. 1668 bauten sie es dann neu wieder auf. Und auch am Umbau zum heutigen Zustand, der 1764 stattfand, waren die Sybergs noch beteiligt. Später dann wurde es auch landwirtschaftlich genutzt, die Familie Scholten ackerte hier von 1867 bis 1933. Damals stand auch noch die Vorburg, wie man auf historischen Fotos sehen kann. Sie wurde damals als Stall und Scheune verwendet – und im Laufe des Zweiten Weltkriegs zerstört. „Man hat sich dazu entschlossen, die Vorburg nicht wieder aufzubauen, sondern ihren Standort nur durch Steine in der Erde hier im Park weiter sichtbar zu lassen", berichtet Kirsten Lehmkuhl. Das Haupthaus kam seinerzeit, trotz Beschädigungen in den letzten Tagen des Weltkriegs, deutlich glimpflicher davon.

Als das Haus 1965 vom Kreis Dinslaken der Stadt Voerde geschenkt wurde, war schnell klar, dass es als Standesamt dienen sollte – und praktischerweise zog gleich ein Restaurant mit ein, in dessen Räume heute ein Spanier der gehobenen Klasse einlädt. Damals lag auch das alte Rathaus in unmittelbarer Nähe, so dass die Verwaltung hier ihr Zentrum hatte.

HAUS VOERDE

Ein Spaziergang rund ums Schloss Voerde lohnt sich ebenfalls, denn hier erstreckt sich „Der Park der drei Ringe", was ja irgendwie passend klingt für eine Grünanlage rund ums Standesamt, aber eigentlich gar nichts damit zu tun hat. „Im Jahr 2002 schrieb die Stadt einen Wettbewerb für die Gestaltung des Umlands aus. Und es siegte dieser Entwurf", berichtet Lehmkuhl.

Mit einem barocken Garten im inneren Ring, dessen Zentrum das Haus Voerde bildet. Im Wassergraben schwimmen im Sommer die Enten, Blumenbeete blühen prachtvoll. Drumherum windet sich der sogenannte Wiesenring, der viel Auslauffläche fürs Spielen oder Picknicken bietet. Dann gibt es noch den äußeren Ringweg. An ihm dürfen sich Ehegatten gleich bei der Vermählung einer der lästigen Pflichten entledigen, die das Eheleben so mit sich bringt: Im Hochzeitshain können sie einen Baum

Die an der Fassade angebrachten Deckenanker bilden ein „AO 1668".

pflanzen. Das tun zwar nicht alle, aber eine stattliche Allee, entlang der die Bäume auch mit metallenen Täfelchen vom Beginn manch glücklicher Verbindung zeugen, ist schon zusammengekommen. In jüngster Zeit wurden allerdings die Bedingungen fürs Bäumchenpflanzen etwas gelockert. Und so findet man auch Bäume, die

Der Barockgarten lädt zum Flanieren ein.

etwa anlässlich eines 75. Geburtstags gepflanzt wurden.

Zurück zum Haus Voerde. Vor seinen Toren steht der „Voerder Vogel", der gern auch mal despektierlich als „fette Henne" tituliert wird. Ein Denkmal, das an den gleichnamigen Heimatpreis erinnert, der für besondere Dienste um die Stadt verliehen wird.

Einen besonderen Reiz entfalten das alte Gemäuer und seine Umgebung zweimal im Jahr: Bei den „Voerder Schlossabenden", die am ersten Wochenende im August mit Musik und Comedy locken. Und beim Weihnachtsmarkt, wenn die Allee vor dem Schloss hell und warm erleuchtet ist.

EIN GOTISCHER FAMILIENSITZ, GANZ IN DER JETZTZEIT

Schloss Wissen in Weeze hat trotz bewegter Baugeschichte klassischen Charakter und modernes Gesicht vereint

In jenem Jahr, als die Vorfahren von Raphaël Freiherr von Loë auf Schloss Wissen einzogen, wurde einem Zehnjährigen namens Christoph Kolumbus in Genua ein kleines Brüderchen geboren. Bis zur Entdeckung Amerikas freilich dauerte es da noch mehr als 30 Jahre, also eine ganze Generation. „Schloss Wissen ist Stammsitz der Familie seit 1461. Wenn wir amerikanische und kanadische Gäste haben, erzähle ich das gelegentlich. Das sind für die ja unvorstellbare Zeiten", sagt von Loë mit einem sympathischen Understatement und fügt an, dass 555 Jahre ja im Vergleich zu anderen Familien, die es auf über 800 Jahre brächten, doch vergleichsweise bescheiden seien.

Schloss Wissen selbst ist sogar noch älter, mindestens 90 Jahre, ursprünglich im Besitz der Familie van der Straeten, die jedoch ausstarb. So konnte einst Johann van den Loë, in Marl beheimatet, das Schloss Wissen erwerben als Mitgift für seinen Sohn Wessel, der Lysbeth van Beerenbroek ehelichte – und so als Westfale in ein Niederrheinisches Adelsgeschlecht einheiratete. Man sieht: Wenn man wollte, könnte man den Stammbaum derer von Loë in Marl noch weiter zurückverfolgen.

Doch springen wir in die Gegenwart. Raphaël von Loë, ältestes von sechs Geschwistern, zog 1999 nach Schloss Wissen. Das Leben auf dem Schloss, besonders auf einem so großen, ist nicht jedermanns Sache. Und der Freiherr war bereits über 40, als er den Familiensitz von seinen Eltern

SCHLOSS WISSEN

Anschrift: Schlossallee 21, Weeze
Parkplatz: gleich am Hotel
Begehbar: Innenhof des Schlosses zugänglich, bitte Rücksicht nehmen
Besonderes: Schloss mit Mühle und Siedlung sind zum Hotel umgebaut, www.schloss-wissen.de, Tel. 02837/96190
Einkehr: Frühstück nur für Hotelgäste, Catering für Tagungen und Feiern

übernahm, „ein Hektar denkmalgeschützter Dachfläche". Die Eltern hatten das Haupthaus und die Vorburg schon in einen guten Zustand versetzt: Zwischen 1969 und 1973 hatten sie in Abstimmung mit dem Denkmalschutz das Schloss massiv umgebaut und den Erfordernissen der Zeit und ihres eigenen Lebens angepasst, etwa durch die Trennung der Säle von den privaten Wohnbereichen. Dazu gehörte aber auch, dass sie eineinhalb Flügel des Haupthauses abreißen ließen, um das Gebäude und den Innenhof zur Vorburg hin zu öffnen. Dadurch wurde aus dem ehemals finsteren Innenhof, in den wegen der hohen Mauern von allen Seiten kaum Licht dringen konnte, ein heller Platz. Eineinhalb

Spaziert auch gern durch den eigenen Schlosspark: Raphaël Freiherr von Loë.

Flügel, das klingt nach einem radikalen Eingriff in die historische Substanz, aber: „Dem Denkmalschutz war natürlich klar: Es gibt einen historischen Kern des Schlosses, alles andere waren spätere Anbauten, die sich zum Teil auch behinderten. Im Prinzip aber

Blick in die Kapelle : Saniert und restauriert erstrahlt sie nun wieder im historischem Glanz.

Von Wasser umspült: Schloss Wissen mit seiner Kapelle. Fotos: Kai Kitschenberg

wäre jede Fassung des Schlosses in sich denkmalgeschützt", so von Loë.

Selbst jene französische Entgleisung, zu der Franz Karl Freiherr von Loë und seine in Belgien geborene Ehefrau Alexandrine, Gräfin von Horrion, Ende des 18. Jahrhunderts das Schloss umbauen ließen. Türme und Erker wurden zurückgebaut, stattdessen ein französischer Herrenhausstil übergestülpt – eine Kuriosität am Niederrhein.

Fast 100 Jahre blieb Wissen so, bis es wieder im neogotischen Stil umgebaut wurde: Die Türme bekamen ihre Spitzen zurück, Wissen sah wieder so aus, als ob es an den Niederrhein gehörte. „Die Fassade erzählt diese Geschichten", sagt Raphaël von Loë und deutet auf unterschiedliche Gesteinsfärbungen etwa am „Dicken Turm", in dem sich auch noch das historische Verlies befindet. Etwa zur Zeit dieses

Umbaus wurde ebenfalls, als katholische Machtdemonstration im Kulturkampf gegen die Preußen, die heutige Schlosskapelle errichtet, die zwischenzeitlich abzusacken drohte – und nun durch eine umfassende Sanierung und Restauration stabil und in historischem Glanz erstrahlt.

Das war eines der großen Projekte des aktuellen Schlossherrn. Noch augenfälliger sind seine Verdienste jedoch vor dem Schloss, denn zu dem gehört eine historische Mühle, die mindestens aus dem 14. Jahrhundert stammt – und die „Gesindesiedlung", die „Boye" genannt wurde. Beides war 1999 in einem äußerst gefährdeten Zustand. „Im Grunde galt es damals, die Mühle zu retten", sagt von Loë. Und durch eine glückliche Fügung kam Wissen ins Programm „Culture & Castles", ein grenzüberschreitendes Euregio-Projekt. Aus den einst maroden Bauten wurde ein außergewöhnliches Hotel: An die Mühle wurde ein moderner Glaspavillon angebaut – er dient als Rezeption, Frühstücks- und Tagungsraum. Aus den Gesindehäuschen wurden 18 hübsche Gästezimmer, eigentlich kleine Haushälften. Das wohl schönste von ihnen befindet sich in einem alten Trafotürmchen – und bietet einen fantastischen Ausblick auf das alte Nierstal.

So fügen sich 555 Jahre Familiengeschichte und eine moderne Schlossnutzung: Die Vorburg ist vermietet, unter anderem an einen großen Blumenzüchter, eine Priester-Gemeinschaft und eine Künstlerin. In den prächtigen Sälen tagt man und feiert Feste. Und dann wohnt auch noch die Familie im Schloss, zumindest teilweise. Bis eines Tages die nächste Generation der von Loës Schloss Wissen übernimmt. Sorgen um Nachwuchs bestehen eher nicht: Raphaël von Loë und seine Frau Nicola von Kessel haben sechs Kinder.

ZWERG GOLDEMAR BLEIBT UNSICHTBAR

Burg Hardenstein in Witten liegt als malerische Ruine direkt am Ruhrufer. Um das Gemäuer spinnt sich eine Sage

Wenn man von Ruhr-Romantik redet, denkt man ja im ersten Reflex doch wieder nur an Fördertürme und qualmende Schlote. Und wird eines Besseren belehrt, wenn man durch den Wald ins Hardensteiner Tal nordöstlich von Witten-Herbede hinabsteigt, wo sich die Ruine der Burg Hardenstein fotogen und ein bisschen verwunschen dem Betrachter darbietet, von der Ruhr nur getrennt durch die Gleise der Ruhrtalbahn, auf denen heute die Museumszüge ihren Halt direkt an dem altehrwürdigen Gemäuer machen. Die beiden Türme und die sich hell gen Himmel aufreckende Wand des ehemaligen Turmhauses lassen die Pracht von einst erahnen und zeugen zugleich vom Charme des Verfalls, dem das Haus lange anheimgefallen war und dem heute Einhalt geboten wird.

Es fällt nicht schwer, sich vorzustellen, dass vielleicht ein Körnchen Wahrheit in dem steckt, was schon die Brüder Grimm über einen besonderen Bewohner der Burg berichtet haben: „Jener Zwergkönig Goldemar soll vertraulich bei Neveling von Hardenberg auf dem Hardenstein an der Ruhr gelebt und oft mit ihm in einem Bett geschlafen haben. Er spielte lieblich auf der Harfe und verthat viel Geld bei den Würfeln." Ein lasterhafter Lump war er wohl, dieser Goldemar, und zudem der Schwester des Neveling von Hardenberg nicht minder zugetan, berichtet Ludwig Bechstein in seinen „Sagen und Geschichten aus deutschen Gauen". Und unsichtbar war

BURG HARDENSTEIN

Anschrift: Hardensteiner Weg, Witten
Parkplatz: keine Parkplätze
Haltestelle: Museumseisenbahn im Sommer, Haltestelle „Hardenstein"
Begehbar: ganzjährig, die Ruine liegt im Wald, eingeschränkt barrierefrei
Besonderes: auf der anderen Seite der Ruhr liegt das Schleusenwärterhaus, erreichbar per Ruhrtalfähre (ab April)

Burgfreund Hans Dieter Radke.

Hans Dieter Radke kann von einer Sichtung berichten, dabei gibt es eigentlich nichts zu Hardenstein, das er nicht weiß oder erblickt hat: 1974 hat er die Burgfreunde Hardenstein mitgegründet und kümmert sich seitdem mit seinen Mitstreitern um Wohl und Weh des einst dem Niedergang geweihten Gemäuers.

Um die Sage zu ihrem schnellen wie grausamen Ende zu führen: Ein Küchenjunge wollte Goldemar sichtbar machen, streute Asche und Erbsen aus, damit der Zwergenkönig erst stürzte und die Asche an ihm haftete. Der Zwerg aber rächte sich, brach dem Küchenjungen den Hals, briet und kochte seine Überreste – und verspeiste sie. Er machte sich mit einem Fluch von dannen: dass das Haus unglücklich sein und seine Güter nieder-

der Zwergenkönig auch noch: „Seine Hände waren mager, wie eines Frosches, kalt und weich anzugreifen, er ließ sich fühlen, aber keiner konnte ihn sehn", berichten die Grimms.

Tatsächlich hat niemand diesen Goldemar in der Burgruine gesehen, aber das will bei einem Unsichtbaren ja auch nichts heißen. Nicht einmal

Thront über der Ruhr: Burg Hardenstein. Fotos: Fabian Strauch

gehen sollten, bis zugleich drei Hardenberger von Hardenstein lebten.

Ein böser Fluch, in der Tat, der vielleicht den zeitweisen Niedergang des Hauses erklärt. Doch der größte Feind des Bauwerks ist schon seit langem nicht mehr so ein unsichtbarer Zwerg. Heute sind es die Vandalen, die in der abgelegenen Ecke manchmal ihrem schändlichen Tun freien Lauf lassen. Sie haben unter anderem die Scheinwerfer zerstört, die nächtens eindrucksvoll für Beleuchtung gesorgt haben. Gesehen hat sie keiner, doch unsichtbar werden sie in Zukunft nicht mehr bleiben. Radke hat mit den Burgfreunden eine Videoüberwachung installiert, bevor die Scheinwerfer wieder instandgesetzt werden – und hofft dadurch auf Abschreckung.

Wenn man neben Hans Dieter Radke inmitten des Gemäuers steht, ein wenig abseits der beiden Wehrtürme und genau dort, wo das historische Turmhaus heute noch rudimentär erhalten ist, dann entstehen vor dem geistigen Auge plötzlich wieder die längst verschwundenen Mauern

Im Burgmuseum in Witten-Herbede ist ein Modell der Burg zu besichtigen.

und Zimmer. Radke erzählt, wo Küche und Speisezimmer sich befanden, weiß genau, wo die enge Wendelstein-Treppe in die oberen Geschosse führte – und dass man sich von oben mit nur einem Mann gegen Eindringlinge verteidigen konnte. „Wir wissen ziemlich genau, wie es früher hier so aussah. Natürlich auch von den Abbildungen und Stichen aus verschiedenen Zeiten – mit gewissen Abstrichen." Radke schätzt, dass die heutige Vorstellung zu gut 90 Prozent korrekt ist.

Wer es ganz genau wissen will, sollte nicht nur die Ruine selbst besuchen, sondern sich vielleicht zuvor im kleinen Burgmuseum anmelden, das die Burgfreunde im Keller der Grundschule Herbede betreiben. Zentrales Ausstellungsstück dort: Ein Modell des Hauses, wie es höchstwahrscheinlich ausgesehen hat, als noch alles stand. Dort sieht man auch die Gräfte um die Burgmauern herum. Man sieht einen Flaschenzug, der höchstwahrscheinlich dazu diente, Korn und andere Ackerfrüchte in die trockenen Kammern unterm Dach zu hieven. Man sieht das Bauhaus mit seinem hübschen Fachwerk, das auf dem Gelände der Vorburg stand und noch bis in die 70er-Jahre dort verfiel.

1363 wurde die Burgkapelle erstmals urkundlich erwähnt, damals gab es nur das Turmhaus, von dem heute noch wenige Mauern stehen. Die Geschichte des Hauses muss freilich schon früher begonnen haben, denn

Die Wand des Turmhauses reckt sich stolz gen Himmel, sie ist der älteste Teil der Burg.

tatsächlich wohnte hier die bergische Adelsfamilie von Hardenberg, die ihren eigentlichen Herrschaftsmittelpunkt bei Neviges verlassen hatte. Und schon 1354 verkaufte Heinrich II. von Hardenberg nach einigen Jahren des wirtschaftlichen Niedergangs die Herrschaft an den Junggrafen Gerhard von Berg.

Burg Hardenstein war nie sonderlich umkämpft und nicht tiefer in die großen Fehden jener Zeiten verstrickt, dazu lag sie wohl strategisch nicht günstig genug. Wohl musste man sich gegen marodierende Horden zur Wehr setzen und im 16. Jahrhundert auch gegen die brandschatzenden Lothringer, doch auch sie richteten wohl keinen allzu großen Schaden am Gemäuer an.

Einen wahrhaft reichhaltigen Fundus an Fundstücken präsentiert Radke mit den Burgfreunden in seinem Burgmuseum, darunter einen prächtigen Wappenstein oder die Ladekammer eines Hinterlader-Geschützes – nebst Kugeln. Auch das Fragment einer gusseisernen Ofenplatte mit der Darstellung der Sage von Pyramus und Thisbe sowie zwei Rittern im Tjost mit ihren Lanzen sind dort zu sehen.

Manches Fundstück wurde von reuigen Wanderern, die es einst mitgenommen haben, den Burgfreunden zurückgegeben. „Ich möchte nicht wissen, wie viele Fundgegenstände jemand mal mitgenommen hat, die heute noch in irgendwelchen Kisten schlummern und leider der Wissenschaft entzogen sind", bedauert Radke. Er selbst hat alle Funde, von der Schrämmhacke bis zu Keramikscherben, sorgfältig erfasst, mit Fotos und Zeichnungen, damit der Wissenschaft möglichst nichts vorenthalten bleibt.

Nur eines fehlt natürlich in der Sammlung, mit der man mehrere weitere Räume bestücken könnte: Vom Zwergenkönig Goldemar und seinem schrecklichen Treiben hat man – abgesehen von der Volkssage – auf Burg Hardenstein nun wirklich keine Spur gefunden.

ZWISCHEN RITTERSPRACHT UND KLAMMEN KASSEN

Haus Herbede, eine ehemalige Wasserburg, ist das älteste Gebäude von Witten – und dient heute der Kultur und der Romantik

Auf den ersten Blick mag man es kaum glauben: Haus Herbede ist noch älter als die Burgruine Hardenstein, die keine drei Kilometer weit entfernt liegt. Dennoch ist von der historischen Substanz so viel mehr erhalten, dass man dem ehemaligen Adelssitz derer von Elverfeldt kaum die verflossene Zeit ansieht.

HAUS HERBEDE

Anschrift: Von-Everfeldt-Allee 12, Witten
Parkplatz: ausreichend vor dem Tor
Haltestelle: Haus Herbede, Witten
Begehbar: Innenhof und Park frei
Besonderes: Galerie im Haus während Ausstellungen Mi/Fr/Sa 16-18 Uhr,
So 11-17 Uhr, Vorburg-Ateliers:
Mi/Sa 16-18 Uhr, So 11-18 Uhr
Einkehr: derzeit keine feste Gastro

Einst wurde die damalige Burg von zwei Wassergräben vor umher streunendem Gesindel und feindlichen Heeren geschützt. Wer ganz genau hinsieht, entdeckt noch die Stellen, an denen früher die Zugbrücke übers Wasser führte.

Gewiss, Haus Herbede ist nicht der größte Adelssitz. Erstmals erwähnt als Gut wurde es im 11. Jahrhundert. Und dass es die darauf folgenden Jahrhunderte so gut überstand, verdankt es den Herren von Elverfeldt. Sie zogen hier im Jahr 1311 ein – und gingen erst im Jahr 1889 wieder fort.

Sie verdienten ihr Geld mit Brückengeld für die Überquerungen der nahe gelegenen Ruhr – und mit Gerichtsgebühren. Allerdings scheinen die Geschäfte niemals ganz blendend gelaufen zu sein, meint zumindest Volker Marquaß, Geschäftsführer der Haus Herbede Betriebs GmbH und heute oberster Herr in diesem Gemäuer. Er kann das festmachen an dem prinzipiell prächtigen Relieffeld mit den beiden säumenden Postament-Säulen, die im etwas beengten Innenhof sofort ins Auge fallen und zu den optischen Höhepunkten des Hauses zählen. „Man

Kümmern sich heute um Haus Herbede: Claudia Spoo und Volker Marquaß.

sieht, dass sie damals wahrscheinlich die preiswertesten Handwerker genommen haben und Stück für Stück haben arbeiten lassen. An den Säulen erkennt man sofort: Links ist die Ornamentik ausgebildet, rechts nicht", so der Burgherr. Er kennt eben auch die Schwächen des Gebäudes ganz genau.

Nach dem Ende der Adelszeit übernahm die Firma Dittmann & Neuhaus das Haus, die es als Wohngebäude für die Arbeiter in ihrer Eisenverarbeitung nutzten. Und von den 1950er- bis in die 70er- Jahre verfiel das mittlerweile in kleine Wohnungen aufgeteilte Haus, bis sich Anfang der 1980er- Jahre der Wittener Bruno Sobotka mit einem Förderverein für den Erhalt einsetzte – sonst wäre das historische Gemäuer wohl den Verkehrsplanungen in Herbede zum Opfer gefallen. Happy End: 1985 erwarb das Freizeitzentrum Kemnade für die symbolische „eine Mark" den Sanierungsfall – und setzte ihn mit zahlreichen Förderern bis 1988 instand.

Heute zeigt sich Haus Herbede als Kultur- und Begegnungshaus. Wer etwa Wert auf ein historisches Ambi-

Im Tor von Haus Herbede erkennt man Schießscharten. Fotos: Matthias Graben

Das Relief im Innenhof ist ein Hingucker.

ente am schönsten Tag seines Lebens legt, kann sich hier trauen lassen. „Wir haben insgesamt 150 Trautermine", sagt Claudia Spoo, die Marketing und Öffentlichkeitsarbeit für das Freizeitzentrum Kemnade macht. Marquaß ergänzt: „Wer hier heiratet, der will die Trauung am Freitag oder Samstag."

Derzeit gibt es keinen festen Pächter für die Gastronomie in Haus Herbede, so dass Kellergewölbe, Rittersaal und Kaminzimmer nicht kontinuierlich betreut sind. Was auch deshalb schade ist, weil das Kaminzimmer eine stilvolle Umgebung für Gäste ist, Porträts der letzten Bewohner aus der Elverfeldt-Familie hängen an den Wänden, in einer Nische sitzt eine Skulptur von Till Eulenspiegel. Der älteste Teil des Gebäudes, ein ehemaliger Turm, ist von den Wirtschaftsräumen der Gastronomie in Beschlag genommen. Hier findet man die Replik einer Rüstung, deren Original vor Ort gefunden wurde und die heute im Museum für Archäologie in Herne zu bewundern ist. „Das war kein Kampfanzug, eher ein Ausgehanzug, um Eindruck zu schinden", so Marquaß.

Statt eines festen Gastronomen stehen Caterer zur Verfügung. „Wir arbeiten an einem neuen Gastro-Konzept", sagt Marquaß. Auch der Biergarten könnte dann wieder regelmäßig betrieben werden. An seinem Rand stehen Maschinenteile einer Stahlfabrik, die einen hübschen Kontrast zur Kulisse bilden.

Auch für Ausstellungen, meist mit Angehörigen des Wittener Künstlerbundes, werden die Galerieräume genutzt. Und in den Seminar-Räumen kann man hinter mittelalterlichen oder Barock-Türen tagen und Treffen abhalten. Die Vorburg schließlich wird von Kunsthandwerkern genutzt: Glasbläserei, Schmuckdesign, Strickkunst, Buchbinderei und Keramik. Mehrmals im Jahr veranstalten die Herbeder hier auch ihre Kunsthandwerkermärkte.

Und, fast hätte man's vergessen: Natürlich ist Haus Herbede optimal angebunden ans Freizeitzentrum Kemnade, also prima geeignet als Zwischenstation bei einer Tour am Kemnader See.